Manual del Maestro

de Escuela Dominical

Manual del Maestro

de Escuela Dominical

Didáctica aplicada a la realidad de la enseñanza cristiana

Marcos Tuler

EDITORIAL PATMOS

Manual del maestro de Escuela Dominical

© 2003 Marcos Tuler

Publicado por Editorial Patmos
Miami, Florida, USA
Todos los derechos reservados.

Publicado originalmente en portugués por CPAD, bajo el título *Manual do Professor de Escola Dominical*
©2002 por CPAD

Las citas bíblicas fueron tomadas de la versión Reina-Valera de 1960

Traducción: Luis Bernal Lumpuy
Diseño de cubierta e Edicción Electrónica: Rodrigo Sobral

ISBN: 1-58802-173-4

Categoría: Educación cristiana

Dedicatoria

A mi querida esposa Daisy, y a nuestros hijos, Caroline y Vinícius, compañeros de todas las horas, tesoros de Dios que enriquecen mi existencia.

Agradecimientos

A mi Supremo Creador y Señor Jesucristo, por hacerme digno de sus infalibles misericordias. A Él sea toda la gloria por toda la eternidad.

A mis padres, Antonio Alves Tuler y Almerinda Rosa de Mello Tuler, por el apoyo, cariño y estima que siempre me dedicaron.

A mi gran amigo y pastor, Elias Freitas da Silva, siempre presente en las alegrías y en las tristezas.

Al doctor Ronaldo Rodrigues de Souza, director ejecutivo de la CPAD, y al pastor Claudionor Corrêa de Andrade, gerente de publicaciones de dicha editorial, por el aprecio, el estímulo y la oportunidad de publicar mi primer esfuerzo literario.

A mi querida iglesia, Asamblea de Dios en Camboatá, Río de Janeiro, y, especialmente, a las abnegadas hermanas del Círculo de Oración, que nunca dejaron de interceder por mí.

A mis maestros, Nels Lawrence Olson (*in memoriam*), Antonio Gilberto y Horacio da Silva Junior, pues supieron cautivarme con su ejemplo.

A todos mis alumnos, amigos y familiares, que contribuyeron directa o indirectamente a que ese sueño se hiciera realidad.

Prefacio

No es fácil encontrar un buen escritor. Hay los que tienen estilo, pero carecen de tema; hay los que tienen tema, pero son incapaces de forjar un estilo. El verdadero escritor es el que, esmerándose en el contenido, no menosprecia la forma. En las Sagradas Escrituras, hay un poeta que logró armonizar ambas cosas; fue perfecto en el contenido; y, en la forma, sublime. Se refiere al arte que pusiera incondicionalmente al servicio de Dios: "Rebosa mi corazón palabra buena; dirijo al rey mi canto; mi lengua es pluma de escribiente muy ligero" (Salmo 45:1).

Marcos Tuler muestra haber logrado este ideal. Mediante un estilo claro y preciso, lleva al lector a asimilar los contenidos fundamentales de la didáctica. Pero no suponga que este libro es sólo estilo y contenido; es también fruto de una larga experiencia tanto en el magisterio cristiano como en el eclesiástico. Es el maestro que escribe; es el escritor que enseña.

Lamentablemente, no son pocos los maestros que, aunque conozcan la materia, desconocen a sus discípulos por ignorar las ciencias pedagógicas. Consideran que el conocimiento lo es todo; suponen que su erudición les cubrirá las deficiencias didácticas. No saben, por ejemplo, que los grandes teólogos del cristianismo fueron ante todo maestros. Se destaca entre ellos Martín Lutero. A la par de su trabajo teológico, tenía él una gran preocupación como pedagogo. Si por una parte, escribió grandes tratados teológicos, por otra desarrolló un sistema educativo tan eficaz que no sólo educó a la Iglesia de Cristo, sino que instruyó a los estados alemanes. ¿Qué habría ocurrido si Lutero hubiera sido sólo teólogo? Sin duda, ni noticias tendríamos de su teología, ya que ésta surgió de su preocupación magisterial.

John Dewey afirmó, en cierta ocasión, que toda filosofía es, en su esencia, una filosofía de la educación. Si toda filosofía es una filosofía de la educación, ¿qué diremos de la teología? Debido a sus fuentes y debido a su enfoque, se yergue la teología como la más sublime forma de educarse el ser humano. Jesucristo no se limitó a proclamar la llegada del reino de Dios; Él mostró, mediante parábolas, símiles y comparaciones, cómo sería este reino. De esa forma, llegaron las personas comunes y corrientes de Galilea a descubrir que el reino de Dios era semejante al grano de mostaza.

No es tan sencillo descubrir la sencillez; se esconde ésta en las cosas más evidentes. Sin duda usted ha oído la historia de la maestra que se esforzaba por mostrar a los alumnos cómo funcionaba la fotosíntesis. De repente, irritada, le pidió a un muchacho que cerrara la ventana del aula que, en aquella mañana de verano, estaba inundada por un sol que le daba directamente en los ojos. Ocurre que el sol daba también sobre la planta que la maestra tenía sobre la mesa. Y así perdieron aquellos alumnos la oportunidad de aprender, en la práctica, el complejo concepto de la fotosíntesis.

En tales circunstancias, ¿cómo reaccionaría el Maestro de los maestros? Antes de los conceptos, vendría el Señor con los ejemplos: "Considerad los lirios del campo". Él sabía que, en aquel instante, no sólo se efectuaba en el lirio la "síntesis de sustancias orgánicas mediante la fijación del gas carbónico del aire mediante la acción de la radiación solar", sino también que los rayos del Sol de justicia iban transformando el corazón de sus discípulos, convirtiéndolos en predicadores y maestros del evangelio.

Marcos Tuler, siguiendo el ejemplo del Maestro divino, no cierra las ventanas de los ejemplos ni cierra las puertas de la didáctica. Él deja que los rayos del sol den sobre sus lectores a fin de que en ellos se procese la fotosíntesis de la enseñanza.

Tenga este *Manual del maestro de Escuela Dominical* siempre consigo; permita que, a partir de ahora, su carrera magisterial reciba el vigor de los rayos de la experiencia de quien vive para la educación cristiana. En el estilo del profesor Tuler, usted encontrará un contenido renovado y comprometido con la enseñanza de la Palabra de Dios.

Pr. Claudionor Corrêa de Andrade

Palabras de presentación

Durante unos doce años, me detuve en la extenuante tarea de investigación en el campo de la didáctica en todas sus especificaciones. Después de leer, releer, examinar y reexaminar no pocas obras del género, me encontré con la ya esperada unanimidad y, de cierto modo, complicidad entre los más afamados teóricos de la educación secular respecto a la interpretación, a la dirección y a la aplicación de esta disciplina. Se trata de la comprobada y extendida dificultad de convertir la materia en un instrumento práctico, objetivo y accesible a todos los que trabajan en el magisterio; ya sean principiantes, laicos, profesionales de comienzo de carrera, o simples voluntarios con vocación.

En relación con la educación cristiana realizada sistemática e institucionalmente en la Escuela Dominical, la situación es aun más grave. La gran mayoría de los maestros de la Escuela Dominical no se forma en cursos universitarios y muchos ni siquiera han tomado algún curso de formación de maestros. Por lo regular estos son los autores de las preguntas siguientes: ¿Cómo sacar los conceptos pedagógicos de los libros didácticos y convertirlos en eficaz acción docente para el ministerio de enseñanza en la iglesia? ¿Cómo dinamizar una teoría a fin de hacerla útil en la solución de los problemas de aprendizaje en mi clase? ¿Cómo disponer de recursos y variar procedimientos? ¿Cómo hacer la clase dinámica, interesante y atrayente? ¿Cómo hacer un planeamiento de enseñanza basado en la realidad de los alumnos y de la Escuela Dominical de mi iglesia?

El *Manual del maestro de Escuela Dominical* tiene como objetivo ayudar a los educadores cristianos a que encuentren las respuestas de estas y de otras preguntas importantes en el campo de la enseñanza.

Nuestros maestros necesitan soluciones prácticas y herramientas apropiadas, dispuestas para el empleo inmediato.

Marcos Tuler

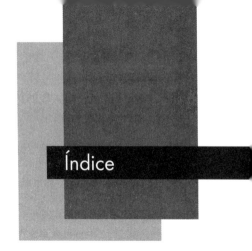

Índice

Dedicatoria V
Agradecimientos VII
Prefacio IX
Palabras de presentación XIII
1. La importancia de la Escuela Dominical 17
2. Cómo mejorar la Escuela Dominical 27
3. El maestro y su vocación 43
4. El maestro y su preparación 57
5. Los objetivos de la enseñanza 71
6. Los métodos de enseñanza 85
7. Cómo hacer la enseñanza dinámica y productiva.. 107
8. Cómo planear la enseñanza 135
9. Cómo incentivar el aprendizaje 149
10. Cómo evaluar el aprendizaje 167
11. Cómo mejorar la comunicación entre
maestros y alumnos 183
12. Cómo trabajar con recursos didácticos 199
13. Cómo aprovechar los recursos de los estudios
bíblicos del Maestro 215
Bibliografía 229

1 Capítulo
La importancia de la Escuela Dominical

Resumen

Introducción

I. Importante en el cumplimiento de la Gran Comisión
II. Importante en la comunión con Dios y los hermanos
III. Importante en la edificación de los creyentes
IV. Importante como principal agencia de enseñanza

Conclusión
Preguntas para reflexión

Objetivos del capítulo

✓ *Valorar la Escuela Dominical como la mayor agencia de enseñanza de la iglesia.*

✓ *Destacar la importancia de la Escuela Dominical en el cumplimiento de la Gran Comisión proclamada por Cristo.*

✓ *Caracterizar la Escuela Dominical como un departamento esencial a la iglesia.*

Capítulo 1

La importancia de la Escuela Dominical

> "La Escuela Dominical no es una parte de la iglesia; es la propia iglesia presentando la enseñanza bíblica metódica."
>
> *Antonio Gilberto*

Introducción

¿Qué importancia tiene la Escuela Dominical en la estructura general de la iglesia? ¿Qué representa ella en el contexto de la educación cristiana? ¿Ha merecido ella la condición de una verdadera institución de enseñanza bíblica?

La Escuela Dominical no es sólo un apéndice de la estructura general de la iglesia o un simple departamento secundario. Ella se confunde con la propia esencia de la iglesia. Debido al hecho de que la iglesia está intrínsecamente asociada a la educación cristiana, la actividad de la Escuela Dominical como departamento principal de enseñanza no es optativa, es esencial, a medida que incrementa y dinamiza todas las actividades e iniciativas educativas y evangelísticas de los demás sectores.

I. Importante en el cumplimiento de la Gran Comisión

La Escuela Dominical es el único departamento de la iglesia que logra conjugar los dos aspectos de la "Gran Comisión" proclamada por Cristo antes de ascender a los cielos: evangeliza mientras enseña.

El cumplimiento de la Gran Comisión mediante la Escuela Dominical se da en cuatro etapas:

1. Alcanzar

La Escuela Dominical es el instrumento que cada iglesia tiene para alcanzar a todas las edades. A pesar de sus varias funciones educativas, la Escuela Dominical tiene como objetivo llegar al mayor número posible de personas con el estudio metódico y sistemático de la Palabra de Dios. Los mensajes predicados en el culto de la noche, por muy retóricos y ungidos que sean, no logran llegar a todos los oyentes, ya que estos, además de heterogéneos, tienen poca o ninguna oportunidad de reflexionar, preguntar e interiorizar el contenido recibido. En el ámbito de la Escuela Dominical, cualquier mensaje, por muy complejo que sea, puede ser perfectamente entendido por todos. En ese ambiente peculiar, cuyo objetivo específico es el aprendizaje, se pasan los contenidos de acuerdo con las características de cada oyente. En otras palabras, se tiene en cuenta el lenguaje, la capacidad de asimilación y la experiencia cristiana de cada alumno.

Ese alcance general sólo es posible porque, en la Escuela Dominical, los temas de estudio están subordinados a un plan de estudios previamente establecido, armonioso y dosificado de acuerdo con cada edad.

2. Conquistar

En lo que se refiere al reino de Dios, no es suficiente alcanzar; es necesario conquistar. A muchos se les predica el evangelio de

Cristo, pero no permanecen debido a que no son conquistados. Tales personas no fueron convencidas de la verdad. Sólo en la Escuela Dominical hay tiempo y ambiente propicios para que se realice esa conquista. La conversión se realiza de forma permanente mediante la enseñanza. Esto se da mediante el testimonio y la exposición de la Palabra de Dios: "...serán todos enseñados por Dios (...) todo aquel que oyó del Padre, y aprendió de él, viene a mí..." (Juan 6:45). La conversión es perenne cuando ocurre mediante la enseñanza.

3. Enseñar

¿Hasta qué punto estamos de veras enseñando a quienes hemos conquistado? Es lamentable que haya quienes consideran que la enseñanza sistemática y metódica es contraria a la espiritualidad. Para estos, la enseñanza debe presentarse de la forma más sencilla posible. Según declaró el ilustrísimo profesor y pastor Antonio Gilberto, "la enseñanza de las doctrinas y verdades eternas de la Biblia, en la Escuela Dominical, debe ser pedagógica y metódica como en una escuela, sin dejar de ser profundamente espiritual". Esto significa que debemos enseñar la Palabra de Dios con seriedad y esmero, apropiándonos de los más eficaces recursos educativos que estén a nuestra disposición: "...el que enseña, en la enseñanza" (Romanos 12:7b).

4. Adiestrar

Pocas son las iglesias que tienen en su organización un Departamento de Educación que ofrezca a sus obreros la formación teológica mínima necesaria para el desarrollo de sus ministerios. La Escuela Dominical, a través de los años, viene supliendo muy bien esta deficiencia. Desde su fundación, obreros de todas las esferas se han preparado para ese bendecido departamento. Como se acostumbra decir, para tales obreros la Escuela Dominical representa un seminario teológico de plan de estudios variado, flexible y permanente. Dwight L. Moody, el más grande evangelista de todos los tiempos, se convirtió e inició su formación bíblica y teológica en la Escuela Dominical.

II. Importante en la comunión con Dios y los hermanos

Desde sus orígenes, la iglesia cristiana persevera en la doctrina y en las enseñanzas de los apóstoles. En el primer siglo no había templos. Las familias se reunían en las casas para orar, tener comunión y estudiar la Palabra de Dios. Los creyentes de más experiencia enseñaban a los neófitos básicamente de forma expositiva y en tono familiar (*homilétike*); explicando e interpretando los puntos más difíciles de las Escrituras, según la orientación que recibían de los apóstoles y directamente del Espíritu Santo. "Y perseveraban en la doctrina de los apóstoles, en la comunión unos con otros, en el partimiento del pan y en las oraciones (...) Todos los que habían creído estaban juntos..." (Hechos 2:42,44). Toda la comunidad cristiana crecía en gracia y conocimiento en función de permanecer reunidos en torno de la Palabra de Dios. Esta práctica cotidiana los estimulaba a la vida devocional y a la comunión entre los hermanos.

Observando las palabras del apóstol Pablo en Efesios 4:13, "Hasta que todos lleguemos a la unidad de la fe y del conocimiento del Hijo de Dios...", llegamos a la conclusión de que no puede haber crecimiento espiritual fuera del contexto de la comunión cristiana. La Escuela Dominical propicia un ambiente favorable a la interrelación de los creyentes. Representa el "hogar espiritual" donde, además del conocimiento de la Palabra de Dios, se comparten ideas, principios, verdades y aspiraciones.

III. Importante en la edificación de los creyentes

La Escuela Dominical no atiende solamente la formación espiritual del creyente. Se ocupa también de su edificación total, que incluye las buenas costumbres, el ejercicio de la ciudadanía y la formación del carácter. Si no bastara su importancia natural por todo lo que hemos descrito, la Escuela Dominical complementa y a veces corrige la educación enseñada en las instituciones seculares.

La gran mayoría de las familias recibe poca o ninguna instrucción en la Palabra de Dios, en el hogar, bajo el liderazgo de su jefe. En cuanto a la Biblia, al perder su lugar en el seno de la familia, la iglesia quedó con la gran responsabilidad de dar educación religiosa. Todo el efecto de esta responsabilidad cayó sobre la Escuela Dominical y sus oficiales. Además de acercar a padres e hijos en la comunión del cuerpo de Cristo, la Escuela Dominical lleva a los niños, adolescentes, jóvenes y adultos al conocimiento bíblico, apartándolos de la ociosidad y de las malas compañías.

IV. Importante como principal agencia de enseñanza de la iglesia

La Escuela Dominical es la más antigua y la más arraigada organización en la vida de las iglesias. Todas las iglesias tienen su Escuela Dominical, y muchas tienen más de una (hay iglesias que la tienen en dos turnos o en otros días de la semana). La cantidad de personas matriculadas en las Escuelas Dominicales suele ser mayor que el número de participantes de cualquier otro departamento. Ella funciona con regularidad todos los domingos sin sufrir las interrupciones a que las demás organizaciones están sujetas. Ella es la principal agencia de enseñanza de la iglesia en función de la importancia de la Biblia como única regla de fe y práctica. Las Escrituras han sido el libro de texto de la Escuela Dominical desde la publicación de las primeras series de lecciones hasta hoy. Eso no quiere decir que los otros sectores de la iglesia no enseñen la Biblia. La instrucción bíblica también se da desde el púlpito, en las reuniones de oración y en los programas de los demás departamentos. Pero la Escuela Dominical es la mayor y principal agencia cristiana, responsable de la instrucción del pueblo de Dios en las Sagradas Escrituras.

Conclusión

Muchas iglesias no valoran la Escuela Dominical con el mismo énfasis del pasado. Lamentablemente, ya no la ven como principal promotora de la educación bíblico-cristiana. Tales iglesias han permitido que eventos, relacionados principalmente con el entretenimiento y el relajamiento, tomen el lugar del genuino estudio sistemático y metódico de las Escrituras. ¿Qué estará ocurriendo? ¿Habrá agotado la Escuela Dominical sus posibilidades educativas con relación al pueblo de Dios? ¿Ya no es prioritaria la enseñanza bíblica en la iglesia? ¿Cómo podrán crecer plenamente esas iglesias sin tener su fundamento en la Palabra de Dios? ¿Y qué otra institución concretizará mejor tan nobles propósitos?

Preguntas para reflexión

1. ¿Cumple la Escuela Dominical de su iglesia sus propósitos principales?

2. ¿En qué sentido la Escuela Dominical cumple la Gran Comisión?

3. ¿De qué modo la Escuela Dominical de hoy debe parecerse a las reuniones de enseñanza de la Iglesia primitiva?

4. ¿Por qué la Escuela Dominical asume mayor responsabilidad en la educación bíblico-cristiana de nuestros niños, adolescentes y jóvenes?

5. ¿Por qué se considera a la Escuela Dominical la mayor agencia de enseñanza de la iglesia?

2 CAPÍTULO
Cómo mejorar la Escuela Dominical

Resumen

Introducción

I. Mediante una administración eficiente
II. Mediante un plan de crecimiento
III. Mediante la adopción de métodos creativos
IV. Mediante el irrestricto apoyo del pastor

Conclusión
Preguntas para reflexión

Objetivos del Capítulo

✓ *Identificar los principales medios de crecimiento de la Escuela Dominical.*

✓ *Incentivar a los líderes de la Escuela Dominical para que conquisten la norma de excelencia de la enseñanza en la iglesia.*

Capítulo 2

Cómo mejorar la Escuela Dominical

"La Escuela Dominical crecerá mientras haya espacio para las clases."

Antonio Gilberto

Introducción

El principal objetivo de todos los que aman y se esmeran en el laborioso ministerio de enseñanza en la iglesia es que sus Escuelas Dominicales crezcan y se desarrollen en todos los ámbitos, aspectos y sentidos. Sin embargo, para que ese objetivo sea en realidad alcanzado es imprescindible que se haga un serio y eficaz planeamiento. Ninguna Escuela Dominical crecerá de verdad sin un cuidadoso y detallado plan de acción y expansión.

En ese empeño, deben hacer muchas preguntas los líderes de la Escuela Dominical: ¿Qué hacer para crear nuevos departamentos o ampliar los ya existentes? ¿Qué hacer para lograr que las clases sean interesantes y participativas? ¿Cómo arreglar espacios adecuados para las clases? ¿Cómo darle nueva dimensión a los espacios existentes? ¿Cómo administrar los recursos económicos, técnicos y humanos en beneficio de la Escuela Dominical? En fin, ¿cómo mejorar la Escuela Dominical?

I. Mediante una administración eficiente

1. La administración eficiente exige organización.

Según Henri Dutton, "organización es el arte de emplear eficientemente todos los recursos disponibles a fin de alcanzar determinado objetivo." Cuando hablamos de organización, de inmediato nos vienen a la mente palabras como conformación, orden, método, estructura, planeamiento y preparación. Nada funciona satisfactoriamente sin organización y método. Si delineamos claramente las etapas de nuestro trabajo, sea cual fuere, el desempeño en términos de esfuerzo y tiempo para realizarlo será excelente. Si no planeamos desde temprano nuestra vida familiar, profesional y ministerial, sin duda tendremos serios problemas en el futuro. Si no hacemos un juicioso presupuesto de los gastos domésticos, nuestro salario nunca será suficiente para pagar las cuentas y suplir las necesidades del mes. Hay personas que quieren realizar la obra de Dios de cualquier manera, pero no es eso lo que nos enseña la Palabra de Dios.

a) Dios es un ser organizado y exige que sus hijos también lo sean.

Él ideó la creación y nuestra redención fue planeada antes de la fundación del mundo. ¿Quién no se admira de la perfecta disposición de las tribus de Israel en el desierto? ¿Y el tabernáculo? ¿Quién pudiera suponer tanto orden y riqueza de detalles? La organización divina impregna todo el universo. Según el pastor

Antonio Gilberto en su *Manual de Escuela Bíblica Dominical*, publicado por Editorial Patmos, "tenemos fundamento para creer que el cielo es un lugar de perfecto orden. Leyes valiosas e infalibles regulan y controlan toda la naturaleza, desde el minúsculo átomo hasta los mayores cuerpos celestes." ¿Y nosotros, en la condición de hijos de Dios, no debemos imitarlo?

Para que la Escuela Dominical crezca y funcione satisfactoriamente, es necesario y urgente que haya el mínimo de estructura.

La organización en la Escuela Dominical debe estar presente en cada fase del trabajo educativo: en el planeamiento, en la ejecución del plan y en la evaluación de los resultados.

2. ¿Qué debe organizarse?

La organización de la Escuela Dominical implica dedicación y mucha inversión. Observe a continuación algunos puntos estructurales:

– Elección de una dirección
– Selección del cuerpo docente
– Creación de departamentos
– División de clases
– Clase de formación de maestros
– Determinación del plan de estudios
– Instalaciones y equipos apropiados
– Mobiliario apropiado
– Cronograma anual de reuniones
– Material didáctico-pedagógico
– Programa de actividades extracurriculares
– Programa de preparación y reciclaje para maestros
– Programa de visitación

– Programa de expansión
– Instalación de biblioteca

3. Cómo debe ser la organización

La organización de la Escuela Dominical debe ser sencilla y funcional, de acuerdo con la realidad de cada iglesia. De nada sirve, por ejemplo, planear la utilización de recursos tecnológicos avanzados si la iglesia no tiene condiciones siquiera de reunir a los alumnos en un aula. En ese caso, en vez de traer beneficios, el planeamiento fuera de la realidad causará enorme frustración.

4. Razones para la organización

a) Dividir y fijar responsabilidades.

En una Escuela Dominical bien estructurada, desde el portero hasta el superintendente, todos saben qué hacer y nadie interfiere en el trabajo del otro.

b) Aclarar los límites del trabajo a realizarse.

En una Escuela Dominical planeada, nadie asume la función para la que no sea competente. Los miembros del Departamento están conscientes de sus responsabilidades y, en función de eso, no van más allá de los límites de sus atribuciones. Imagínese a un empleado del sector administrativo, con poca o ninguna experiencia docente, ¿tendrá que atender una clase en la ausencia del maestro titular? En la educación cristiana, la posibilidad de "tapar huecos" debe ser nula.

c) Atender a las necesidades de las personas participantes.

Habiendo distribución de tareas y responsabilidades, todos los participantes de la Escuela Dominical serán mejor atendidos en sus necesidades.

d) Garantizar resultados satisfactorios.

La garantía de resultados satisfactorios está intrínsecamente ligada a la determinación de los objetivos. ¿Qué se espera alcanzar? ¿En cuánto tiempo? ¿Qué tipo de esfuerzos se realizarán con este propósito? ¿Qué se espera que los alumnos de la Escuela Dominical sepan, sientan y hagan? El planeamiento garantiza la consecución de los proyectos. Observe el ejemplo bíblico a continuación:

Proyecto: Reconstruir el muro de Jerusalén
Meta: Reconstruir el muro en 52 días (Nehemías 2:17 y 6:15).
Etapas: 1. Consulta a Dios (Nehemías 1:4).
2. Pedir permiso al rey (Nehemías 2:5).
3. Recaudación de recursos (Nehemías 2:8).
Presupuesto: a) Recursos materiales (Nehemías 2:8 y 4:3).
b) Recursos humanos (Nehemías 3).

Ejecución/Puesta en práctica (Nehemías 3).

Evaluación/Control (Nehemías 6:6).

II. Mediante un plan de crecimiento

En cierta ocasión, oí una entusiasta declaración de un superintendente: "Estoy satisfecho con la Escuela Dominical de mi iglesia. Hay pocos alumnos, pero... de excelente calidad: son inteligentes, disciplinados y rara vez faltan a las clases." Esta declaración sería positiva si no fuera por un pequeño detalle: aquel superintendente daba prioridad a la calidad en detrimento de la cantidad. Tener alumnos interesados y participativos es el deseo de todos los que trabajan en el ministerio de la enseñanza, pero lo ideal es que la Escuela Dominical crezca en ambos sentidos. La experiencia nos muestra que las escuelas que están siempre creciendo numéricamente por lo general son las que más se preocupan con el mejoramiento de la calidad de la enseñanza. Hace algunas décadas, era común que el número de matriculados en la Escuela Dominical fuera superior al de miembros de la iglesia. ¿Qué podemos decir de nuestras Escuelas Dominicales actualmente? ¿Hemos crecido en cantidad?

¿Cuáles son los pasos necesarios para que la Escuela Dominical crezca en calidad y numéricamente?

1. Localizar la población a enseñar

Los líderes o dirigentes de la Escuela Dominical necesitan saber quiénes son y dónde se encuentran los posibles alumnos. He aquí algunas valiosas fuentes:

a) La función de los nuevos convertidos.

Los nuevos convertidos son como niños recién nacidos y necesitan que se les reciba e identifique inmediatamente después de la conversión. La mayoría de las iglesias acostumbra inscribirlos en la condición de congregados, mediante una "ficha de identificación". En esta ficha hay informaciones suficientes para la localización, el sondeo y el conocimiento de los posibles nuevos alumnos de la Escuela Dominical. Ese trabajo es sumamente importante, necesario y urgente. Muchos se convierten y no vuelven más a la iglesia. Tenemos que buscarlos e incluirlos en la clase de discipulado.

b) Relación de visitantes en la escuela y en los cultos de la iglesia.
Nuestras iglesias están siempre llenas de visitantes: creyentes y no creyentes. Son personas que, por diversas razones, no son miembros de ninguna iglesia. Por lo general están ávidas de matricularse en la Escuela Dominical. Aproveche la oportunidad e invítelas.

c) La función de los miembros de la iglesia.
La función de los miembros es una fuente casi inagotable. Lo ideal sería que todos los miembros de la iglesia se matricularan en la Escuela Dominical. ¡Esto debiera ser algo común! Como hemos dicho, el número de alumnos en la Escuela Dominical debiera ser mayor que el de creyentes en la función de miembros de la iglesia. Hace poco la Casa Publicadora de las Asambleas de Dios publicó y distribuyó gratuitamente un librito intitulado "Todos en la Escuela Dominical: Cada creyente un alumno". Este trabajo, que contiene varias ideas sobre cómo fomentar la Escuela Dominical, tuvo como objetivo una movilización nacional a fin de que todos los creyentes se matriculen en la mayor y mejor escuela del mundo.

d) La comunidad alrededor de la iglesia.
Haga un censo. Dado que el departamento crecerá, sus administradores deben pensar en qué dirección va a crecer. Haga una visita a las familias e invítelas a que visiten la Escuela Dominical. Organice una clase para no creyentes. El famoso evangelista Dwight L. Moody se convirtió gracias a las enseñanzas que recibía del Reverendo Edward Kimbal en una clase de evangelización en la Escuela Dominical.

2. Fomentar una campaña constante de matrícula

La matrícula está intrínsecamente ligada a la presencia real de los alumnos en la Escuela Dominical. A medida que crece la matrícula, crece también la asistencia, de modo que, para duplicar la asistencia, es necesario duplicar la matrícula. Por lo general, el número de alumnos que asiste a clases corresponde a la mitad del número de alumnos matriculados. Esto significa que: Si determinada Escuela Dominical tiene como matrícula 200 alumnos, es probable que asistan 100 asiduamente. Si el número de matriculados aumenta a 300, el de presentes llegará a 150.

a) ¿Qué plan de matrícula debe usar la Escuela Dominical?

Hay planes que son contrarios al crecimiento. Observe a continuación algunas actitudes negativas con relación a la matrícula.

- Algunas escuelas exigen que el nuevo alumno asista a determinada cantidad de clases seguidas antes de matricularlo en alguna clase.
- Ciertas escuelas dan de baja a cualquier persona matriculada que no asista a clases con regularidad.

Estas actitudes son sumamente negativas para el crecimiento de la Escuela Dominical.

b) ¿Qué motivos pudieran justificar la baja de alumnos de la Escuela Dominical?

Pueden considerarse como justos los motivos de muerte, traslado a otra iglesia, cambio de dirección que imposibilite la asistencia a clases, o un pedido insistente de parte del propio alumno.

c) ¿Cuándo debe matricularse a un nuevo alumno?

De inmediato, si él lo desea. No se deben crear obstáculos para la puesta en práctica de ninguna matrícula.

3. Formular un programa de visitación

La visitación tiene por objetivo estimular a los alumnos ausentes y reintegrarlos a la Escuela Dominical y a la vida cristiana. Cada clase debe tener su propia comisión.

Todos los domingos, cada clase debe preparar una lista de alumnos ausentes y determinar quién del grupo los visitará durante la semana.

4. Ampliar las estructuras

a) Crear nuevos departamentos y nuevas clases.

Hay maestros que no quieren dividir sus clases, prefieren mantenerlas enormes por pura vanidad. Esto obstaculiza el crecimiento. En ese caso es necesario dividir para multiplicar. Lo ideal es que cada clase tenga entre 15 y 30 alumnos, de acuerdo con la edad. Según el pastor Antonio Gilberto, las clases de Intermedios deben tener como máximo 15 alumnos; las de Secundarios en adelante, 30 alumnos. Lo ideal son 25 alumnos matriculados por clase, ya que para efectos de la enseñanza, cuanto más pequeño sea el grupo, tanto mejor.

b) Dar espacio apropiado.

De nada sirve matricular nuevos alumnos y formar nuevas clases si no hay espacio. Este es uno de los principales problemas que explican el poco crecimiento en la mayoría de las Escuelas Dominicales.

c) Dar nueva dimensión al espacio disponible.

Un estudio juicioso señalará el espacio ocioso o mal utilizado en su iglesia. ¿Quién sabe si aquel cuarto reservado a los escombros y trastos viejos no daría una excelente aula para la clase de cuna?

d) Aprovechar el espacio existente en las casas cercanas a la iglesia.

Muchos abnegados hermanos viven cerca de la iglesia y es probable que no les importaría el ceder algún espacio de sus casas para alguna clase de la Escuela Dominical.

e) Utilizar la estructura de las escuelas privadas y públicas.

Por lo general esas escuelas no funcionan los domingos. Establezca un contacto con la municipalidad y pida la utilización de esos espacios.

f) Realizar la Escuela Dominical en dos turnos.

En algunas iglesias, las Escuelas Dominicales funcionan en dos turnos, uno por la mañana y otro por la tarde. Las escuelas seculares trabajan así, ¿por qué no la iglesia?

g) Construir más.

Iglesias que disponen de espacio suficiente para el buen funcionamiento de sus Escuelas Dominicales tienen espacio para todas sus necesidades. Como los trabajos en la Escuela Dominical se realizan solamente los domingos, sus instalaciones estarán disponibles para los demás departamentos durante toda la semana.

III. Mediante la adopción de Métodos Creativos

La Escuela Dominical tiende a perder asistencia a medida que los alumnos se percatan de que las clases son improductivas, monótonas y faltas de interés. Adoptar y variar métodos creadores es el único medio de resolver el problema de la falta de asistencia. Sin embargo, es sumamente importante que el cuerpo docente sepa emplear con eficiencia tales métodos.

No debemos hacer nuestros métodos tan rígidos al punto de que no admitamos medios de comunicación más prácticos y flexibles. Por ejemplo, el método de exposición, aunque muy criticado, es el preferido, sobre todo por los maestros de adultos. En este método, el maestro habla todo el tiempo y a veces responde a pocas preguntas. Entre las desventajas del uso exclusivo de este método, se destacan dos: La primera de ellas es la exposición que "centraliza la enseñanza en la figura del maestro, exigiendo poca o ninguna preparación de la lección por parte de los alumnos". La segunda es que este método, según Antonio Tadeu, en su libro *Como Tornar o Ensino Eficaz* [*Cómo hacer la enseñanza eficaz*], CPAD, "no permite que el maestro preste atención especial a todos los alumnos, obligándolo, en algunos casos, a nivelar la clase, por simple suposición."

Es necesario diversificar los métodos y adaptarlos eficientemente a las nuevas circunstancias, o sea, cambiar la manera de transmitir una verdad sin alterarla.

Uno de los principales problemas de la enseñanza en las Escuelas Dominicales, actualmente, aparte de la edad, es que los métodos de enseñanza son inadecuados. Los métodos (cuando se emplean) se escogen sin tener en cuenta al alumno y su transformación de vida.

El maestro debe ser juicioso al escoger el método que empleará en su clase. Cada situación específica requiere un método apropiado. Deben evaluarse todas las ventajas y desventajas antes de aplicarlo. (Este tema se reafirmará y ampliará en el capítulo 6.)

Entre los métodos y las técnicas didácticas más aplicables a la realidad de la enseñanza en la Escuela Dominical, pueden destacarse los siguientes: debates, paneles, dinámicas de grupo, discusión en grupo, preguntas y respuestas, y dramatización. Estos y otros procedimientos de enseñanza se expondrán con más detalles en capítulos posteriores.

IV. Mediante el irrestricto apoyo del pastor

1. Compareciendo

Según afirmó el pastor Antonio Gilberto en el *Manual de Escuela Bíblica Dominical*, el pastor de la iglesia "es el principal responsable de la Escuela Dominical mediante su atención y su acción. Su simple presencia en la Escuela Dominical es un prestigio para la misma".

2. Participando

Si la presencia en sí ya es importante, qué dirá la participación dinámica en las actividades del departamento.

3. Estimulando

Como líder, el pastor asume la preponderante función de ejercer influencia en aquellos a quienes dirige. Su palabra tiene peso suficiente para decidir y fomentar una acción productiva. Si él dice desde el púlpito que estudiar la Biblia es importante, todos se esforzarán en a ese propósito.

4. Incentivando a sus ayudantes, ministerio y líderes de departamento

Es inadmisible que evangelistas, presbíteros, diáconos y otros obreros auxiliares del ministerio no participen en el proceso de enseñanza de la iglesia. Si los líderes no valoran la Escuela Dominical, ¿qué ejemplo quedará para los que no lo son?

5. Invirtiendo en la Escuela Dominical

a) Recursos económicos.
La iglesia debe destinar una asignación regular a fin de que la Escuela Dominical pueda funcionar sin premuras ni improvisaciones.

b) Recursos humanos.
Comprende la renovación periódica del superintendente y de los maestros.

c) Recursos técnicos.
Adquisición de material didáctico, mobiliario adecuado y aulas pedagógicamente diseñadas. Observe a continuación algunas conductas negativas que no deben imitar los líderes que dan prioridad a la enseñanza en la iglesia:

Permitir actividades paralelas durante el funcionamiento de la Escuela Dominical (Actividades administrativas, servicio de sonido, afinación de instrumentos musicales, consejería pastoral, etc.)

No invertir, o invertir de modo insuficiente en el campo de la educación. La principal parte del presupuesto de la iglesia siempre se dirige a otras esferas en detrimento de la educativa.

Conclusión

Todo el trabajo de la Escuela Dominical debe pasar por una evaluación periódica. Se debe tener como objetivo la norma de excelencia. ¿Cómo procurar esa norma de excelencia?

Comparando el presente progreso (los resultados) con las metas y los objetivos previstos. A partir de ahí, usted va a descubrir la posibilidad de mejorar y perfeccionar su planeamiento.

Preguntas para reflexión

1. ¿Cómo está estructurada la Escuela Dominical en su iglesia? ¿Hay aulas para todas las clases? ¿Son apropiados los muebles y las instalaciones?

2. ¿Está la cantidad de alumnos en cada clase dentro de las normas ideales?

3. ¿Ha crecido numéricamente su Escuela Dominical? ¿Qué ha hecho usted en este sentido?

4. ¿No está creciendo su Escuela Dominical? ¿Cuáles son las causas de esa falta de éxito?

5. ¿Está menguando su Escuela Dominical? ¿Qué está sucediendo? ¿Cuáles son las causas de la constante falta de asistencia?

6. ¿Tiene su Escuela Dominical un plan de matrícula? ¿Había pensado en eso antes?

7. ¿De qué forma el pastor de su iglesia está apoyando la Escuela Dominical?

3 Capítulo
El maestro y su vocación

Resumen

Introducción

I. Cómo identificar un auténtico candidato al magisterio cristiano
II. Cómo se manifiesta la vocación natural para el magisterio
III. Requisitos fundamentales para la competencia del maestro

Conclusión
Preguntas para reflexión

Objetivos del Capítulo

✓ *Lograr que los líderes y maestros de la Escuela Dominical sean conscientes de sus responsabilidades como promotores de la enseñanza cristiana.*

✓ *Sugerir directrices y establecer criterios que justifiquen la elección de los maestros ideales para trabajar en la Escuela Dominical.*

Capítulo 3

El maestro y su vocación

> "Cada uno en el estado en que fue llamado, en él se quede."
>
> *El apóstol Pablo*

Introducción

Hace poco, cuando enseñaba en un seminario acerca de "la vocación para la enseñanza", oí decir que en algunas iglesias, se reclutan nuevos maestros mediante el grado de parentesco y amistad con relación a sus líderes, y a veces sencillamente por consideración al tiempo que el candidato ofrece su servicio a la iglesia. En aquella oportunidad, sin poder contenerme ante una declaración tan desafortunada, comencé a averiguar, sin usar de violencia, si aquellos queridos seminaristas conocían criterios más comunes. De forma asombrosa, mencionaron sin compasión una lista que no vale la pena comentar.

En septiembre de 2000, en la celebración del II Congreso de Escuela Dominical, realizado en Riocentro, Río de Janeiro, la Casa Publicadora de las Asambleas de Dios, líder en el mercado editorial evangélico brasileño, divulgó el último día de conferencias el resultado del primer Censo Nacional de la Escuela Dominical ideado por la misma.

Quedé perplejo con el resultado del tema "requisitos exigidos para el ingreso de los maestros en las Escuelas Dominicales".

La mencionada investigación tuvo como principal objetivo, según los organizadores, transformar las informaciones obtenidas por los líderes y superintendentes de todo el país en proyectos de adaptación y mejoramiento de la educación cristiana en la iglesia, mediante la Escuela Dominical.

Se pedía que los líderes y superintendentes definieran los requisitos exigidos para el ingreso de los maestros en sus Escuelas Dominicales. De los seis requisitos presentados sólo pudieran señalarse dos. Las opciones eran las siguientes: a) haber cursado el CAPED (Curso de Perfeccionamiento de Maestros de la Escuela Dominical); b) tener formación pedagógica; c) tener formación teológica; d) tener deseo de dar clases; e) haber recibido un curso específico para dar clases en la edad deseada; f) ser creyente maduro y espiritual.

Por increíble que parezca, casi el 70% de los superintendentes respondieron que, en sus Escuelas Dominicales, los principales requisitos para dar clases son sencillamente tener deseo de dar clases y ser un creyente maduro y espiritual. Ahora bien, es evidente que esas condiciones son sumamente importantes para calificar al maestro ideal, pero no se puede, en hipótesis alguna, despreciar la preparación académica y las cualidades intelectuales.

I. Cómo identificar un auténtico candidato al magisterio cristiano

Como podemos comprobar, la investigación mencionada antes revela, tristemente, uno de los lamentables motivos de la constante evasión y descrédito de la educación cristiana en algunas Escuelas Dominicales: la falta de criterios auténticos en la elección de los maestros.

La iglesia que piensa en la educación cristiana significativa debe destinar regularmente a la Escuela Dominical una asignación de su presupuesto a fin de que ella funcione plena y satisfactoriamente. Debe proporcionar materiales didácticos, muebles y aulas pedagógicamente diseñadas. ¡Eso es imprescindible! Pero ¿y en cuanto a los recursos humanos? ¿Sabe la iglesia buscarlos y prepararlos? Es precisamente en ese punto que la mayoría de los líderes, superintendentes y dirigentes de Escuelas Dominicales tienen grandes problemas. La mayor dificultad, por increíble que parezca, radica en la falta de disponibilidad de los recursos humanos o en la falta de pericia y en la insensibilidad para lidiar con ellos. O sea, no son tareas fáciles, buscar relevo para los maestros veteranos, reclutando y formando a los nuevos para el magisterio en la Escuela Dominical. Por lo general tal complejidad pasa por las preguntas siguientes: ¿De qué manera los superintendentes alistan y seleccionan a los maestros? ¿Qué criterios emplean?

Por estas y otras razones, trataré, a partir de ahora, de sugerir algunas directrices y establecer criterios que justifiquen la elección de los maestros ideales para trabajar en la Escuela Dominical. Se les debe escoger según la vocación, las aptitudes específicas y el llamamiento divino para el magisterio cristiano.

II. Cómo se manifiesta la vocación natural para el magisterio

Cada vez que tengo que explicar el significado de la palabra "vocación" recuerdo los tiempos de mi infancia. En aquella época los niños inventaban sus propios medios de divertirse. La creatividad fluía libre y dulcemente. Los juguetes de fábrica, aun sin el toque de la alta tecnología, eran demasiado caros. No nos quedaba otra opción que inventar nuestros propios carritos; y las niñas, sus muñecas de trapo o de papel. Creábamos nuestros propios entretenimientos, y algunos, desde luego, llevaban en su raíz una fuerte tendencia a la futura vocación profesional.

Cuando me refiero a ese tema, viajo rápidamente a través de mis pensamientos al confuso e inolvidable pasado. Oigo nítidamente los gritos de mi madre: "¡Hijo, has garabateado todo mi guardarropa!"

Voy a contar los detalles de ese episodio.

Cuando era niño, acostumbraba reunir a mis hermanos y condiscípulos en mi casa para jugar a la escuelita. Yo era el maestro. Como no había pizarra, la única alternativa era utilizar las puertas del guardarropa de mi madre. ¿La tiza? También la tiza era improvisada. Residíamos cerca de un hombre que trabajaba el yeso y él nos cedía gentilmente algunos trozos de yeso endurecido para jugar a la escuela. Era un "casi perfecto" pedazo de tiza.

Allí estaban mis primeros alumnos, sentados en el suelo en aquel pequeño cuarto, estudiando, no recuerdo bien qué, y escribiendo, por horas seguidas, sus indescifrables garabatos en pedazos de papel de pan.

Creo que este sencillo relato nos sirva de fundamento para entender el significado de vocación. Sin embargo, para aclarar un poco más, daré algunas definiciones técnicas del término.

1. La vocación florece en el propio cimiento de la personalidad

La palabra vocación viene del latín *vocatione* y significa llamamiento, tendencia, disposición, aptitud, talento natural, inclinación. Según el catedrático en didáctica, profesor Luiz Alves de Mattos, "vocación es la tendencia fundamental del espíritu, su inclinación general predominante para un determinado tipo de vida y de actividad, en la que se encuentra plena satisfacción y mejores posibilidades de autorrealización". En otras palabras, es la tendencia natural para la realización de determinada actividad de modo excelente.

Con relación al magisterio, la vocación se revela como un conjunto de predisposiciones; preferencias afectivas, actitudes e ideales de cultura y de sociabilidad. Se identifica fácilmente a los maestros que tienen vocación, ya que, sin ningún esfuerzo, revelan sus diversos talentos, sobre todo respecto a la relación con sus semejantes.

Hay cuatro características que pueden ayudar para la identificación de un maestro con vocación:

A. Sociabilidad

La educación y la enseñanza son fenómenos de interacción psicológica y social, y por eso exigen comunicabilidad y dedicación a la persona de los educandos y a sus problemas. Jesús, Maestro por excelencia, nos dio el mejor ejemplo de sociabilidad. Aun sufriendo férreas críticas de los fariseos, y a veces de sus discípulos, nunca dejó de interesarse por los problemas y padecimientos de los hombres de su época. Él estaba siempre en contacto con las multitudes y con las personas de forma individual.

El interés genuino por las personas y el deseo de servirles y ayudarlas son, sin duda, elementos esenciales a la calificación de un maestro.

B. Temperamento

"Personas de temperamentos egocéntricos, cerradas, incapaces de iniciar y mantener contactos sociales comunes con cierta cordialidad y entusiasmo, no están preparadas para la función del magisterio". (*Sumário de Didáctica Geral [Resumen de didáctica general]*)

El maestro debe entusiasmarse con su trabajo de modo que contagie positivamente a sus alumnos.

C. Amor pedagógico

Se refiere al amor sincero a la persona del educando, mostrado por la simpatía, el interés natural y el deseo de ayudarlo en sus problemas y anhelos. El maestro auténtico se interesa más en la persona del alumno que en la frialdad del contenido y del plan de estudios. A nadie le importa por lo que tenemos que comunicar, a no ser que perciba que nuestro interés está concentrado en él personalmente.

La práctica docente nos muestra que la elección de un maestro favorito se basa en una relación personal y no en la simple capacidad de enseñar. Los alumnos fácilmente se acuerdan de los maestros que mostraron interés especial y cuidaron de ellos, antes de acordarse de los que tenían buenos dotes de oratoria y esmerada técnica. ¿Se acuerda el estimado lector de algún maestro especial en sus primeros ciclos de estudio? ¿Qué motivo le hace acordarse de él?

D. Aprecio e interés por los valores de la inteligencia y de la cultura

El maestro con vocación para el magisterio es, lógicamente, un estudioso, un lector asiduo, con sed de nuevos conocimientos, capaz de entusiasmarse por el progreso de la ciencia y de la cultura.

III. Requisitos fundamentales para la competencia del maestro

Según el profesor William Burton, "la enseñanza no es cosa fácil; no puede hacerse con posibilidad de éxito por personas indiferentes, mal informadas y sin capacitación, con una personalidad inexpresiva y de limitada experiencia vital. La enseñanza exige amplios conocimientos y sutil perspicacia, aptitudes definidas y una personalidad que se caracterice por su estabilidad, firmeza y dinamismo.

El trabajo de enseñar es mucho más complejo que cualquier otra actividad profesional. En realidad, para llevarlo a cabo con perfección, es, entre todas las actividades humanas, una de las más difíciles".

Hay personas que muestran auténtica vocación para el magisterio, pero no reúnen las aptitudes específicas necesarias para ese menester.

1. ¿Qué son aptitudes específicas?

Las aptitudes son atributos o cualidades personales que expresan cierta disposición natural para un determinado tipo de actividad o de trabajo. Son atributos específicos de la personalidad que por lo general completan el cuadro con la vocación y que, cuando se cultivan, aseguran la capacidad profesional del individuo.

Las aptitudes específicas tienden a agruparse en consonancia con la vocación; pero no siempre. No es raro que se presenten personas con una determinada vocación muy acentuada, pero carentes de las aptitudes esenciales que las debieran complementar. Es común este tipo de comentario: "Él tiene mucha voluntad y gusto, pero no tiene aptitud, no sirve para eso", es la expresión que el pueblo usa para designar esas carencias.

Para el ejercicio del magisterio, el profesor Luiz Alves de Mattos considera imprescindibles las aptitudes relacionadas a continuación.

Antes de considerarlas en el ámbito del magisterio cristiano, es importante que tengamos en cuenta que, a pesar de que tales aptitudes caracterizan al maestro "ideal", esto no significa que todos los maestros, para ser considerados idóneos y útiles para la función, deban tener obligatoriamente todas estas aptitudes.

a) Salud y equilibrio mental.

¿Cómo desempeñaría satisfactoriamente sus funciones como maestro alguien con mala salud, ya que el educador aprovecha todos los sentidos físicos en el ejercicio docente? ¿Qué tipo de enseñanza daría un maestro con desequilibrios mentales? ¿Estaría apto para enseñar las doctrinas y los principios bíblicos a nuestros niños y adolescentes? ¿Le confiaríamos la cátedra de la enseñanza cristiana?

b) Buena presentación.

Aunque algunos no le den importancia, la buena presentación del maestro es fundamental para la asimilación del contenido de enseñanza. ¿Cómo cautivar la atención de un alumno que no logra dejar de reparar la negligente apariencia de su maestro? Ropas arrugadas, corbatas mal puestas, pelo despeinado, uñas sucias y largas, malos olores y otras negligencias acostumbran llamar más la atención que cualquier tema intrigante o interesante.

c) Órganos de voz, visión y audición en buenas condiciones.

No estamos afirmando que el maestro que tenga problemas visuales, fonéticos o auditivos no pueda dar clases en la Escuela Dominical. Conocemos a maestros brillantes que tienen tales deficiencias. Sin embargo, es obvio que el maestro con esas carencias, tendrá mayor dificultad en el desempeño de sus funciones.

d) Buena voz: firme, agradable, convincente.

La voz del educador debe expresar su convicción sobre todo lo que enseña. El maestro que habla muy bajito, con voz vacilante y "por las comisuras de los labios" casi siempre está inseguro acerca de lo que sabe. Esto lo captarán de inmediato sus alumnos.

e) Lenguaje elocuente, claro y sencillo.

La educadora Graziella Zóboli, en su libro *Práticas de Ensino [Prácticas de Enseñanza]*, sugiere los siguientes cuidados con el lenguaje:

- El tono de voz del maestro debe ser igual al de la conversación, y la forma de expresión debe ser el diálogo.
- La voz debe tener inflexiones en un tono alto, pero suave, o sea, no gritado.
- El lenguaje didáctico debe ser accesible a los alumnos, o sea, debe adaptarse a su nivel cultural, adaptándose a la capacidad de comprensión de los alumnos para ayudarlos a entender el significado de los hechos que se están comunicando.
- El lenguaje debe ser sencillo: no hay necesidad de emplear frases rebuscadas.
- Debe ser directo, o sea, ir directamente al tema que se está tratando.
- Lenguaje gramaticalmente correcto. No se debe hablar con errores.

- Se debe tener cuidado con los términos o expresiones, evitando el empleo de palabras vulgares.
- El lenguaje debe ser elocuente, y se ha de usar el buen humor.
- En los pasajes más difíciles o más importantes, el maestro debe dar inflexión más vigorosa a la voz y resaltarlos, siendo recomendable escribirlos en la pizarra.

f) *Confianza en sí mismo y presencia del Espíritu, con perfecto control emocional.*

g) *Naturalidad y desenvoltura.*

h) *Firmeza y perseverancia.*

i) *Imaginación, iniciativa y liderazgo.*

j) *Capacidad de crear y mantener buenas relaciones con sus alumnos.*

Conclusión

El maestro con vocación para el magisterio cristiano es el que realiza sus funciones por placer y con agrado, nunca por obligación. A ese trabajo, independiente de las circunstancias que lo rodean, dedica con denuedo, celo y resignación toda su vida. Él reconoce que su ministerio es un sacerdocio santo, preparado y ungido especialmente por el Señor. Bajo ninguna condición renuncia a él.

Preguntas para reflexión

1. ¿En qué debe basarse la elección de los maestros de la Escuela Dominical?

2. ¿Es usted un maestro con vocación? ¿Cuáles de las aptitudes mencionadas en este capítulo tiene usted?

3. ¿Qué criterios emplea el superintendente o el pastor de su iglesia cuando escoge a los maestros de la Escuela Dominical?

4. ¿Se acuerda de algún maestro que haya influido en su vida estudiantil? ¿Cuáles eran sus principales características?

5. ¿Tiene su iglesia un plan de reciclaje para maestros?

4 CAPÍTULO
El maestro y su preparación

Resumen

Introducción

I. Preparación espiritual
II. Preparación intelectual

Conclusión
Preguntas para reflexión

Objetivos del Capítulo

✓ *Lograr que el maestro sea consciente de las cualidades necesarias para el magisterio cristiano.*

✓ *Conducir al maestro a la reflexión en cuanto a su preparación e incorporación al ministerio de enseñanza.*

Capítulo 4

El maestro y su preparación

> "Procura con diligencia presentarte a Dios aprobado, como obrero que no tiene de qué avergonzarse, que usa bien la palabra de verdad."
>
> *El Apóstol Pablo*

Introducción

Además de tener vocación y disponer de las aptitudes naturales descritas en el capítulo anterior, el maestro de la Escuela Dominical debe invertir en la preparación necesaria para un excelente desempeño de su función docente. Ser creyente fiel y espiritual es imprescindible para el magisterio cristiano, pero esto no es todo lo que se exige del maestro. Si no es seguro conocedor de las doctrinas bíblicas y no prueba su legítima capacidad para enseñar, jamás cumplirá cabalmente su misión educativa.

Para efecto didáctico, reunimos en dos grupos algunas habilidades imprescindibles al maestro.

Los grupos son: Preparación espiritual y preparación intelectual.

I. Preparación espiritual

1. Tener convicción de su llamado específico para el ministerio de la enseñanza

Con el propósito de edificar y perfeccionar a su Iglesia, Cristo les concedió varios dones a los hombres y, entre ellos, el de maestro: "Y él mismo constituyó a unos, apóstoles; a otros, profetas; a otros, evangelistas; a otros, pastores y maestros, a fin de perfeccionar a los santos para la obra del ministerio, para la edificación del cuerpo de Cristo" (Efesios 4:11,12). Según el comentario de la *Biblia de estudio pentecostal*, "maestros son los que reciben de Dios un don especial para aclarar, exponer y proclamar la Palabra de Dios". El maestro de la Escuela Dominical debe tener convicción de su llamado para el ministerio de enseñanza.

A menudo a muchos los ponen frente a una clase sus líderes, pero no han recibido de Dios la confirmación de su llamado. No saben lo que están haciendo. ¿Cómo identificar a los maestros llamados? Los genuinamente llamados, mientras enseñan, sienten que el corazón se inflama por el Espíritu Santo. Ellos aman intensamente su misión. Tienen dedicación en su práctica docente: "...el que enseña, en la enseñanza" (Romanos 12:7b). ¿Y qué significa eso? Significa dedicar tiempo al ministerio de enseñanza, o sea, estar con la mente, el corazón y la vida totalmente dedicados para ese menester. Ser educador cristiano es diferente de ocupar el cargo de maestro. Implica llamado específico y capacitación divina.

2. Tener una relación vital y real con el Señor Jesús

¿Qué representa esta relación? Cristo es, en primer lugar, su salvador personal, lo salvó de todo pecado y es también Señor y dueño de su vida. Hay maestros que no están seguros de su propia salvación. ¿Cómo podrán enseñar soteriología? Otros no oran, no leen la Biblia y no tienen vida devocional. En el magisterio cristiano, de nada vale enseñar lo que uno no siente ni vive. El maestro no puede enseñar lo que no está dispuesto a obedecer.

3. Esforzarse en seguir el ejemplo de Jesús

Jesús fue el más grande pedagogo de todos los tiempos; empleó todos los métodos didácticos disponibles para enseñar: acostumbraba, por ejemplo, emplear preguntas para llevar al público a dar la respuesta correcta que Él buscaba: "¿Quién dicen los hombres que soy yo?" (Marcos 8:27-30). Sus indagaciones indirectas exigían que sus discípulos compararan, examinaran, recordaran y evaluaran. Ejemplificaba con parábolas, contaba historias y empleaba varios métodos creativos. Como declaró LeBar, citado por Howard Hendricks en el *Manual de enseñanza*, CPAD, "Jesucristo era el Maestro por excelencia, porque Él mismo encarnaba perfectamente la verdad. [...] Él entendía plenamente a sus discípulos, y empleaba métodos perfectos para cambiar a las personas individualmente, y sabía cómo era la naturaleza humana y lo que había en el hombre (Juan 2:24,25)."

Jesús enseñaba complejidades empleando el lenguaje sencillo de las cosas de la vida diaria. Su lenguaje siempre era algo palpable en la experiencia de las personas – empleo, problemas personales, costumbres, vida familiar, naturaleza, conceptos religiosos, etc. Sus instrumentos pedagógicos eran los campos, las montañas, los pájaros, las tempestades, las ovejas. En resumen, cualquier cosa que estuviera a su alcance Él la empleaba como auxiliar de la enseñanza.

4. Disposición y humildad para aprender

El hombre es un ser educable y nunca se cansa de aprender. Aprendemos con los libros, con nuestros alumnos, con los niños, con los ancianos; en fin, aprendemos mientras enseñamos.

No hay mejor manera de aprender que tratar de enseñar a otra persona. El maestro debe estar atento a cualquier oportunidad de aprender. Cuando no sepa una respuesta, es mejor ser sincero y decir que no sabe. La ausencia del orgullo ante la realidad de "no saber", facilita y fomenta el aprendizaje.

5. Liderazgo positivo

Se dé cuenta o no, el maestro siempre ejerce liderazgo sobre sus alumnos. Ese liderazgo será positivo o negativo, dependiendo de la actitud espiritual asumida por el maestro. Las enseñanzas, los conceptos, los principios y los consejos dados a sus discípulos, difícilmente dejarán de influir en ellos. ¿De qué modo puede el maestro hacer evidente un liderazgo positivo? He aquí algunas pistas:

a) Apoyando al pastor de su iglesia;
b) Asistiendo a los cultos;
c) Participando eficientemente en el sustento económico de la obra de Dios (diezmos y ofrendas);
d) Integrándose a la iglesia: presencia y actividades en los cultos;

e) Manteniéndose distante de los "vientos de doctrinas";
f) Siendo éticamente correcto;
g) Viviendo lo que enseña (personificar la lección);
h) Teniendo un hogar cristiano ejemplar;
i) Apoyando la misión y la visión de la iglesia local;
j) No usando la clase para fomentar disturbios y contiendas.
l) Poniendo como meta el nacimiento de una nueva clase cada año.
m) Poniendo como meta que haya nuevos maestros cada año.

6. Reconocer la envergadura de su misión y afrontarla con seriedad

Como mencionamos en tema anterior, el ministerio de enseñanza exige dedicación integral del maestro: "Y todos los días, en el templo y por las casas, no cesaban de enseñar y predicar a Jesucristo" (Hechos 5:42). Los educadores cristianos tienen la responsabilidad de instruir, guiar y orientar el camino de otros siervos de Dios. El maestro tiene que estar consciente de su tarea, no en el sentido de simple asistencia, sino en su actitud y su conducta con relación a Cristo. Se les exigirá enérgicamente los resultados de esta tarea. Llegará el día en que cada maestro dará cuenta de sí mismo a Dios: "...cada uno de nosotros dará a Dios cuenta de sí" (Romanos 14:12).

II. Preparación intelectual

1. Conocimientos bíblicos esenciales

En una investigación sobre el desempeño de la Escuela Dominical, realizada con 100 alumnos, se hizo la pregunta siguiente:

"¿Por qué va a la Escuela Dominical"? 98,9% respondieron que van para aprender más sobre la Biblia.

En esta misma investigación, preguntaron a la clase de más alumnos: "¿Por qué participan ustedes de esta clase"? 93,5% dijeron que asistían porque el maestro conoce profundamente la Biblia.

El verdadero crecimiento espiritual está particularmente ligado al estudio individual, dedicado y constante de las Escrituras. El maestro de la Escuela Dominical nunca debe contentarse con lo que oye respecto a la Palabra de Dios, sino que debe investigar, averiguar y confrontar todo lo que dicen con lo que él mismo lee y estudia acerca de las Escrituras. Dado que la Biblia es el libro de texto de la Escuela Dominical, el maestro debe dedicarse a su estudio sin reservas.

a) El maestro tiene que leer y estudiar la Biblia con eficiencia.
El estudio bíblico comienza con la lectura. En I Timoteo 4:13 el apóstol Pablo dice: "Ocúpate en la lectura...". El maestro tiene que leer la Biblia de modo eficiente. Hay personas que cursaron hasta el tercer grado y no aprendieron a leer en el sentido de apropiarse del contenido de la lectura. La Biblia no se puede leer como un libro cualquiera. Su lectura debe ser pausada, meditando y mostrando atención.

La metodología científica dice que cada género literario requiere una velocidad apropiada de lectura.

La lectura de la Biblia requiere atención especial. Debe realizarse con cuidado, retrocediendo cuando sea necesario, y no sólo avanzando, como si el objetivo fuera sólo concluirla. Leer la Biblia sencillamente para cumplir un plan de lectura diaria, como muchos hacen, tiene poco o ningún provecho.

La lectura bíblica, por el maestro de la Escuela Dominical, tiene que llevarse a efecto activamente, vinculando lo que se lee con el conocimiento anterior, haciendo las comparaciones, realizando preguntas, resaltando, marcando o anotando cuando sea necesario.

b) El maestro tiene que conocer la historia y la estructura de la Biblia.

- La formación del "canon sagrado": la forma en que la Biblia llegó hasta nosotros.
- Manuscritos, traducciones, versiones y revisiones.
- Unidad física: estructura y clasificación de los libros.

c) El maestro tiene que conocer las doctrinas fundamentales de la Biblia.

- La doctrina de Dios.
- La doctrina del Señor Jesucristo.
- La doctrina del Espíritu Santo.
- La doctrina de la Trinidad.
- La doctrina del hombre.
- La doctrina del pecado.
- La doctrina de la Iglesia.
- La doctrina de la salvación.
- La doctrina de las últimas cosas.

d) El maestro tiene que conocer las principales reglas de interpretación de la Biblia.

A – Primera Regla: La Biblia se interpreta a sí misma.

- Mediante la ley del contexto –precedente– que se sigue.

- Mediante los textos paralelos.
- Mediante la enseñanza general del libro y de su autor.
- Mediante la enseñanza general de la Biblia misma.

B – Reglas Fundamentales

- Nunca interprete un texto aisladamente; interprete Escritura con Escritura.
- Nunca fundamente una doctrina en un texto aislado; interprete a la luz de la Biblia.
- Toda incertidumbre o duda sobre el sentido de una palabra o texto debe someterse al consenso general de la Biblia.

C – Reglas Generales

- Ser espiritual, de oración y consagración. El real intérprete de la Biblia es el Espíritu Santo.
- Conocer bien las características de la época – Fundamental para conocer el sentido natural de las palabras del texto.
- Observar la ley del contexto – "El texto sin el contexto es un pretexto."

e) El maestro tiene que conocer antigüedades bíblicas. Es decir, la vida, las costumbres, las leyes y las tierras de los pueblos bíblicos.

f) El maestro debe tener buen sentido cuando interprete un texto bíblico.

g) El maestro tiene que conocer el plan global de Dios expuesto en las Escrituras (dispensaciones y pactos).

h) El maestro tiene que conocer el lenguaje figurado de la Biblia (tipos, símbolos, metáforas, parábolas, etc.).

i) El maestro tiene que conocer la historia antigua de los pueblos mencionados en la Biblia (egipcios, babilonios, asirios, cananeos, judíos, griegos, romanos, etc.).

j) El maestro tiene que conocer la historia de la iglesia.

l) El maestro tiene que conocer geografía bíblica.

2. Conocimientos didáctico-pedagógicos fundamentales

a) El maestro tiene que entender el proceso enseñanza-aprendizaje. La enseñanza en la Escuela Dominical debe ser emocionante e inspiradora. Enseñar, según la mayoría de los modernos educadores, no significa sencillamente transmitir conocimientos, como si la mente del alumno fuera un insignificante receptáculo del conocimiento ajeno, o una hoja en blanco, en la que el maestro pudiera grabar lo que desee.

Muchos maestros piensan que es su deber transmitir el máximo de lo que saben a los alumnos, en la forma mejor estructurada posible, aun sin medir o evaluar el resultado, en términos de cantidad y calidad de contenido asimilado. Sin embargo, enseñar no es sólo transmitir conocimientos de una cabeza a otra; no es sólo comunicar. Enseñar es hacer pensar, es ayudar al alumno a crear nuevos hábitos de pensamiento y de acción. Esto no significa que la exposición de la clase no deba tener estructura alguna, o que sea mejor que el maestro sea un mal comunicador. Sí significa que la estructura de la exposición debe llevar al raciocinio y no a la absorción pasiva de ideas e informaciones del maestro.

b) *El maestro tiene que planear sus clases.*

¿Qué es un planeamiento de clase? Es la previsión inteligente y bien calculada de todas las etapas de la enseñanza y la programación racional de todas las actividades, a fin de hacer la enseñanza segura, económica y eficaz.

Todo planeamiento se concreta en un plan definido de acción, que constituye un derrotero seguro para conducir progresivamente a los alumnos hacia los resultados deseados.

Al planear, debemos responder a las preguntas siguientes: ¿Qué tratamos de alcanzar? ¿Cómo alcanzarlo? ¿En cuánto tiempo? ¿Qué hacer y cómo hacerlo? ¿Cómo evaluar lo que se alcanzó?

Observación: Se tratarán estos temas detalladamente en capítulo aparte.

c) *El maestro tiene que conocer varios métodos de enseñanza.*

- *Exposición oral.* Clase expositiva. Método tradicional empleado a menudo en escuelas de todos los niveles. El maestro que se pone delante del grupo expone oralmente la materia, hablando él solo todo el tiempo. Es el método más criticado, pero también el más utilizado. El éxito o el fracaso en su empleo dependerá de la capacidad del maestro.

- *Preguntas y respuestas.* Lo emplean mucho los maestros con experiencia desde la antigüedad. La eficacia de este método radica en el hecho de que las preguntas siempre son desafiantes. La mente, en este caso, no sólo recibe información, sino que la analiza y considera. Hay todo un proceso de reflexión, análisis y evaluación que ocurre en el cerebro del alumno mientras él recibe la pregunta, medita en sus implicaciones y verbaliza la respuesta.

- *Discusión o debate.* El método de discusión o debate es aquel en que se presenta un tema de la lección para que lo analicen los miembros del grupo.

- *Técnicas de trabajo en grupo (Dinámica de grupo).* Por mucho que sea el entusiasmo del maestro en incentivar la participación activa de los alumnos, su éxito va a depender en último caso de saber organizar actividades que faciliten esta participación. Ahí es que entran las técnicas de trabajo en grupo. He aquí algunas: Phillips 66, Parejas, Grupos simples con tarea única, Intercambio de ideas, Pregunta circular, Grupo de expresión verbal frente a grupo de observación, Panel y Estudios de casos.

d) El maestro tiene que estar motivado para enseñar.
Debe saber y dominar lo que va a enseñar. Conocer bien la Palabra, el plan de estudios y la lección de ese día. Este conocimiento debe ser parte de su experiencia.

e) El maestro necesita preparación especializada.
El conocimiento amplio y sistemático de la materia o del respectivo campo de estudio es condición esencial e indispensable para la eficiencia del magisterio cristiano.

El maestro debe conocer, por lo menos, mucho más que lo estrictamente expuesto en los cuadernos del alumno y del maestro, tanto en extensión como en profundidad.

3. Conocimientos de psicología educativa

Los alumnos son diferentes. Son diferentes dependiendo del grupo de edad, y también dentro del propio grupo de edad (Psicología evolutiva).

Las características generales del alumno varían según su desarrollo físico, mental, social y espiritual. De ahí que cada edad requiera un tratamiento diferente.

Conclusión

¿Qué responderemos al Señor acerca del ministerio docente? ¿Hemos afrontado con seriedad nuestra misión y sacerdocio? Esto suena tan grave que el apóstol Santiago nos dice: "Hermanos míos, no os hagáis maestros muchos de vosotros, sabiendo que recibiremos mayor condenación" (Santiago 3:1).

Alguien pudiera preguntar: Si el juicio es tan severo, ¿en qué sentido ese ministerio es importante para mi vida?

La respuesta está explícita en lo que Pablo dijo a los tesalonicenses: "Vosotros sois nuestra gloria y gozo" (I Tesalonicenses 2:20). Cuando se hace una inversión espiritual en otra vida, se participa de toda la gloria de las recompensas espirituales que se obtendrán por medio de aquella vida para siempre. ¡Grande será nuestro galardón! ¡Aleluya!

Preguntas para reflexión

1. ¿Cómo puede prepararse el maestro a fin de cumplir su misión educativa?

2. ¿Es suficiente para el magisterio cristiano ser creyente fiel y espiritual?

3. ¿Cómo puede el maestro comprobar su capacidad de enseñar?

4. ¿Está convencido de su llamado específico para el ministerio de enseñanza?

5. En su opinión, ¿en qué sentido "ser educador es diferente de simplemente ocupar el cargo de maestro"?

6. ¿Cuáles de las cualidades espirituales presentadas en este capítulo tiene usted? ¿Y en cuanto a las intelectuales?

5 Capítulo
Los objetivos de la enseñanza

Resumen

Introducción

I. ¿Qué significa enseñar?
II. Cómo debe ser la enseñanza
III. La necesidad de la determinación de objetivos
IV. Categorías de objetivos
V. Formulación de objetivos operacionales

Conclusión
Preguntas para reflexión

Objetivos del Capítulo

✓ *Estimular al maestro a fomentar la educación cristiana participativa.*

✓ *Lograr que el maestro sea consciente de la importancia de establecer objetivos estratégicos en la enseñanza cristiana.*

Capítulo 5

Los objetivos de la enseñanza

> "Lo importante es que en todos nuestros actos tengamos un fin definido que anhelamos lograr...a la manera de los arqueros que señalan a un blanco muy bien determinado."
>
> *Aristóteles*

Introducción

La determinación de objetivos es tal vez el proceso más importante entre todos los implicados en la educación. John Dewey en su libro *Democracia y educación* enseñó: "El objetivo significa la previsión del término o del resultado probable de nuestra acción. Actuar con un objetivo en la mira es actuar de forma inteligente; redunda siempre en actividades escalonadas y ordenadas para lograrlo. Por lo tanto, el objetivo es el principio que gobierna y dirige toda nuestra actividad e influye en cada uno de los pasos que demos para alcanzarlo." He aquí algunas preguntas que debe responder el maestro de la Escuela Dominical antes de empezar cualquier acción docente: ¿A qué vine? ¿Y qué vienen a hacer mis alumnos? ¿Qué espero de ellos? ¿Qué esperan ellos de mí? Al terminar mis clases, ¿qué serán capaces de hacer? ¿Habrán modificado algo en su conducta? ¿Qué deseo que mis alumnos sean? ¿Buenos jefes de familia? ¿Educadores? ¿Maestros de la Escuela Dominical? ¿Pastores? ¿Misioneros? ¿Creyentes fieles y activos en la obra del Señor?

I. ¿Qué significa enseñar?

1. Evolución de los conceptos de enseñanza

Si le preguntamos a un laico lo que significa enseñar, sin duda oiremos las respuestas siguientes: "Enseñar es transmitir conocimientos" o "Enseñar es transferirle al alumno todo lo que aprendió el maestro". Estas proposiciones serían correctas si no pusieran a quien aprende en la condición de simple espectador. Si enseñar es sencillamente transferir conocimientos de una cabeza a la otra, significa que quien aprende ejerce un papel pasivo en el proceso, o sea, es sólo un receptáculo del saber ajeno. En ese caso, maestros y alumnos se ubican en niveles diferentes y distantes: de un lado tenemos al maestro que lo sabe todo, y del otro, al alumno que nada sabe. Afirmar eso es comparar la mente humana con una hoja en blanco, en la que los maestros pueden grabar lo que deseen. Así la didáctica tradicional definía la enseñanza.

Mediante recientes estudios en el campo de la didáctica, algunos educadores prefieren considerar la enseñanza como la técnica capaz de formar una serie de acondicionamientos. De ahí viene la expresión: "Enseñar es formar hábitos". Posteriormente, surgió una nueva definición: "Enseñar es dirigir u orientar técnicamente el aprendizaje". Mediante esta posición, la mayoría de los pedagogos están de acuerdo en que el proceso de enseñar tiene como consecuencia obligatoria el proceso de aprender. Si el maestro enseñó y el alumno no aprendió, no hubo verdadera enseñanza.

II. Cómo debe ser la enseñanza

1. La enseñanza debe ser emocionante e inspiradora

Muchos maestros piensan que su deber es comunicar al máximo lo que saben a los alumnos, en la forma mejor estructurada posible, aun sin medir o evaluar el resultado, en términos de cantidad y calidad de contenido asimilado. Enseñar, como se ha dicho, no sólo es transmitir o transferir conocimientos. No es sólo comunicar. Enseñar es hacer pensar; es ayudar al alumno a crear nuevos hábitos de pensamiento y de acción. Esto concuerda con lo que enseña el profesor John Milton Gregory: "La verdadera función del maestro es crear condiciones para que el alumno aprenda solo. (...) Enseñar no es pasar conocimiento, sino estimular al alumno a que lo busque. Pudiéramos hasta decir que enseña mejor quien menos enseña".

Imaginemos una situación real de clase: Un alumno de la Escuela Dominical hace las preguntas siguientes: "Maestro, ¿cómo debe ser la relación con nuestros enemigos?" "¿Enseñó Jesús algo específico en cuanto a eso?" ¿Qué respuestas debiera dar el maestro? ¿Respondería de inmediato? En la práctica docente es lo que por lo regular ocurre: el maestro de pronto proporciona la respuesta más elaborada posible. En este caso, ¿de qué modo participaría el alumno en el proceso? Si él siempre tiene las respuestas, no hay necesidad de buscarlas. ¡No es necesario pensar! Si ese procedimiento no es correcto, ¿cómo debe hacerse? En vez de sencillamente dar la solución, debe el maestro proporcionar material suficiente y necesario para que el alumno, por sí solo, trate de formular su propia respuesta. Con relación al alumno mencionado antes, el maestro, con el propósito de convertirlo en un participante activo del proceso enseñanza-aprendizaje, podrá asumir las actitudes siguientes:

- Indicar la lectura y la comparación de Mateo 5:44 con Mateo 26:48,50.
- Según los textos indicados, proponer las preguntas siguientes:

a) Si usted estuviera en el lugar de Jesús, ¿cuál sería su actitud al comprobar que aquel que se decía su amigo en realidad lo traicionaría cobardemente?

b) A pesar de haber sido traicionado, ¿concuerda la forma como Jesús trató a Judas con lo que les enseñó a sus discípulos?

c) ¿Es este un ejemplo a seguir por todos nosotros?

Con estos materiales, el alumno no sólo tendrá una respuesta objetiva sino que llegará a la conclusión de que Jesús no sólo enseñó acerca de la relación con los enemigos, sino que fue el ejemplo, amando de forma imparcial y absoluta, no sólo a quienes lo amaban sino también a los que lo odiaban y perseguían.

Según Howard Hendricks, "la eficacia de nuestra enseñanza no se evalúa basándose en lo que hace el maestro, sino en lo que hace el alumno a consecuencia de nuestra práctica didáctica". Esto no significa que la exposición de la clase no deba tener estructura alguna, o que sea mejor que el maestro nunca responda una pregunta objetivamente. Sí significa que la estructura de la exposición debe conducir al raciocinio y no a la absorción pasiva de ideas e informaciones del maestro.

L. A. Weigle, en su libro *The Teacher* [*El Maestro*], dice:

"No es aquello que usted dice o cuenta al alumno, y sí aquello que él piensa después de oír sus palabras; no es aquello que usted hace por él, y sí aquello que él hace con sus propias manos; no es la impresión, y sí la reacción de él la que determina su desarrollo. Usted no puede meter ideas en la cabeza del alumno; sus palabras son sólo símbolos de las ideas que están en su mente. El alumno debe interpretar tales símbolos y con eso expresar sus propias ideas. La enseñanza sólo tiene éxito cuando lleva al alumno a actuar".

2. La enseñanza debe ser participativa

Cualquier tiempo invertido sin que el alumno participe en la lección es tiempo perdido. Generalmente se piensa en que en la Escuela Dominical, solamente las clases de niños y de adolescentes necesitan elementos incentivadores para captar la atención de los alumnos para el estudio. Ese pensamiento no es verdadero en el ámbito de la práctica docente. A muchos recursos educativos por lo regular aplicados a la infancia y a la adolescencia se les puede dar una nueva dimensión para las demás clases. Tenemos que hacer que el alumno participe en la lección. Hacerlo cooperador, comprometido con el aprendizaje.

La participación activa de los alumnos es un factor esencial para la adquisición y sobre todo para la retención del contenido de la enseñanza. El maestro debe "abrir espacio" para que sus alumnos cuenten sus propias experiencias relacionadas con los aspectos esenciales de la lección.

Toda enseñanza tiene que ser activa, y ningún aprendizaje puede dejar de ser activo, ya que se efectúa sólo por el esfuerzo personal de quien aprende, dado que nadie puede aprender por otro. Según Ralph W. Tyler, "El aprendizaje se efectúa mediante la conducta activa del alumno, que aprende a través de lo que hace él y no lo que hace el maestro." John Dewey, famoso filósofo y psicólogo norteamericano, cuando enseñaba acerca de los objetivos de la enseñanza, afirmó: "El objetivo de la educación debiera ser enseñar a pensar, y no enseñar qué pensar."

El maestro debe pedir, si quiere al principio, o en el transcurso de cualquier clase, la opinión, la colaboración, la iniciativa, el trabajo del propio alumno.

3. La enseñanza debe ser potente y dinámica

¿Qué significa hacer potente y dinámica la enseñanza? ¿No es la naturaleza de la enseñanza dinámica en sí misma? ¿Habría algo que hacer que la hiciera más interesante?

Hacer potente y dinámica la enseñanza significa darle fuerza para que produzca o transforme alguna cosa. En lo que se refiere a la educación significa modificar la conducta en la manera de pensar, sentir y actuar.

Antes de mostrar cómo darle fuerza a la enseñanza es necesario esclarecer cómo ocurre el proceso enseñanza-aprendizaje. Hay una relación intrínseca entre enseñar y aprender. Sólo ocurre el aprendizaje y, por tanto, sólo ocurre la enseñanza después que hay cambios en la mente, en la voluntad y en la actitud del individuo.

III. La necesidad de la determinación de objetivos

1. ¿Cómo seleccionar los procedimientos de enseñanza sin la determinación de los objetivos?

Es imposible seleccionar medios eficaces de enseñanza sin establecer antes los objetivos. Cuando el maestro tiene una perfecta concepción de lo que quiere lograr de sus alumnos al finalizar una secuencia de enseñanza de un trimestre, por ejemplo, él puede incorporar al contenido de enseñanza oportunidad para que los alumnos practiquen conductas que estén de acuerdo con los objetivos que se persiguen. El maestro no está obligado a proponer actividades simplemente para llenar el tiempo, ya que todas las actividades de clase estarán de acuerdo con los objetivos propuestos. En resumen:

a) Los objetivos ayudan al maestro a seleccionar inicialmente sus actividades de enseñanza.

b) Los objetivos permiten que el maestro mejore, con el tiempo, la calidad de una secuencia de enseñanza.

IV. Categorías de objetivos

1. Objetivos generales

Son complejos y alcanzables en períodos más amplios. Ejemplo: Objetivos de un trimestre o de un año escolar: "Al terminar este año mi alumno debe haber leído todos los libros de la Biblia".

2. Objetivos específicos

Son más sencillos, concretos, alcanzables en menos tiempo, y explican desempeños observables. Ejemplo: Objetivos de una clase: "Al terminar esta clase mis alumnos deben escribir en la pizarra los principales atributos de Dios".

3. Objetivos operacionales o del comportamiento

Son objetivos que procuran el cambio de conducta del alumno. Se trata de la descripción de una norma de conducta que el alumno pueda mostrar cuando haya completado una experiencia de aprendizaje. Considerándose un objetivo de enseñanza como una afirmación que indica el deseado cambio de conducta, se concluye que el alumno sea diferente después de terminar una actividad de enseñanza. Por lo tanto, para clasificarse un objetivo como de enseñanza, es necesario que indique acción o expresión, que describa un hecho visible que el alumno realiza, como resultado del aprendizaje. El maestro debe describir sus objetivos en función del rendimiento que se puede medir en el alumno, es decir, de lo que éste puede hacer o cómo se comportará al final de determinado período.

Ejemplos de objetivos del comportamiento para clases específicas de determinada Escuela Dominical:

Que mi alumno al terminar esta clase sea capaz de:

—Relacionar los principales beneficios de la justificación.
—Definir la palabra "iglesia".
—Destacar las enseñanzas de la Biblia sobre la realidad del pecado y de sus funestos resultados.
—Refutar, mediante pasajes bíblicos, las falsas ideas evolucionistas sobre la creación del hombre.
—Distinguir las tres principales fuentes de tentación descritas en la Biblia.

Todas estas frases representan los objetivos a alcanzar y tiene conceptos que indican acción, movimiento, actividades, actitudes u otras modificaciones que pueden observarse en el alumno, después del aprendizaje y como consecuencia de él. En otras palabras, los verbos indican que el alumno debe comportarse de forma tal que el maestro perciba que asimiló el contenido de la clase. Para que eso ocurra es necesario que el maestro proponga, durante o al final de la clase, alguna forma de evaluación.

4. Clasificación de los objetivos en cuanto al dominio

a) Objetivos cognoscitivos – objetivos vinculados a la memoria y al desarrollo de capacidades y habilidades intelectuales de los alumnos.

Ejemplo: El alumno debe responder alguna pregunta.

b) Objetivos afectivos – objetivos que describen cambio de intereses, actitudes y valores.

Ejemplo: El alumno debe manifestar algún sentimiento con relación a la materia dada.

c) Objetivos psicomotores – objetivos relacionados con las habilidades motoras.

Ejemplo: El alumno debe hacer o practicar alguna actividad.

V. Formulación de objetivos operacionales

¿Cómo formular objetivos operacionales? ¿Cuáles son los verbos más apropiados? Antes que el maestro formule sus objetivos en términos de comportamiento, es conveniente que haga algunas reflexiones: ¿Cuál es su intención cuando dice que su alumno necesita aprender algo? ¿Que él enumere, solucione o planee? Sugerir sencillamente que él "sepa" indica muy poco, porque la palabra tiene varios significados. Mientras que el maestro no indique el sentido del "saber" en términos de lo que el alumno debe ser capaz de hacer, habrá dicho muy poco. Por lo tanto, el objetivo que comunica mejor es el que describe la conducta que se espera del alumno, expresada con tal claridad que evite malas interpretaciones. Al formular sus objetivos, el maestro debe tomar en cuenta las preguntas siguientes:

—¿Qué debe ser capaz de hacer el alumno?
—¿En qué condiciones debe hacerlo?
—¿Cuán bueno debe ser el desempeño para que se le considere satisfactorio? (Mager, R.E., *La formulación de objetivos de enseñanza*, Globo, p.18)

A continuación hay una relación de verbos apropiados para la formulación de objetivos operacionales:

Conocimiento	Comprensión	Aplicación	Análisis	Síntesis	Evaluación
Definir	Traducir	Interpretar	Distinguir	Componer	Juzgar
Repetir	Reafirmar	Aplicar	Analizar	Planear	Evaluar
Señalar	Discutir	Usar	Diferenciar	Proponer	Tasar
Registrar	Describir	Emplear	Calcular	Esquematizar	Validar
Recordar	Explicar	Demostrar	Experimentar	Formular	Seleccionar
Nombrar	Expresar	Dramatizar	Probar	Ordenar	Escoger
Relatar	Identificar	Practicar	Comparar	Conjugar	Valorar
Subrayar	Localizar	Ilustrar	Criticar		Estimar
Relacionar	Transcribir	Operar	Investigar		Medir
Enunciar	Revisar	Inventariar	Debatir		Reunir
	Narrar	Esbozar	Examinar		Expresar
		Trazar	Categorizar		Crear
					Erigir
					Organizar
					Dirigir

Conclusión

Los objetivos son útiles en la ejecución y evaluación de la enseñanza. Son útiles porque indican el contenido y los procedimientos que llevan al aprendizaje de éxito, ayudan a disponer de ese proceso de aprendizaje y preparan los medios para descubrir sus resultados.

¿Cómo esperar resultados específicos sin la determinación de objetivos también específicos? La formulación de objetivos es fundamental y previa en cualquier actividad. Si no hay objetivos, no hay tampoco qué esperar.

Preguntas para reflexión

1. *¿De qué forma se relaciona la enseñanza con el aprendizaje?*

2. *¿Cree usted que el alumno puede cooperar con el maestro en el proceso enseñanza-aprendizaje?*

3. *¿Les ha dado oportunidad a sus alumnos de participar activamente en sus clases?*

4. *¿Cuáles son sus metas con relación a su clase?*

5. *¿Cuál es la importancia de los objetivos operacionales, o de comportamiento en la enseñanza cristiana?*

Capítulo 6
Los métodos de enseñanza

Resumen

Introducción

I. ¿Qué es método?
II. ¿Cuál es el mejor método?
III. Diversificación de los métodos
IV. Dinámicas de grupo

Conclusión
Preguntas para reflexión

Objetivos del Capítulo

✓ *Incentivar al maestro a diversificar sus procedimientos didácticos.*

✓ *Ayudar al educador cristiano en la elección de métodos adecuados a la realidad de la enseñanza en la iglesia.*

Capítulo 6

Los Métodos de Enseñanza

> "Conviene que todo esté preparado de antemano, para que sea menor el peligro de equivocarse y mayor el tiempo consagrado a la enseñanza."
>
> *Johann Amos Comenius*

Introducción

No debemos hacer nuestra manera de dar clase tan rígida que no admitamos otros medios de comunicación más prácticos, dinámicos y flexibles. Tenemos que diversificar nuestros métodos y adaptarlos eficientemente a las nuevas realidades y circunstancias. O sea, es necesario cambiar la manera de transmitir una verdad sin la preocupación de alterarla.

Uno de los más grandes dilemas de la enseñanza en las Escuelas Dominicales, independiente del nivel de edad, es la incapacidad para emplear los métodos de enseñanza y el hacerlo de forma inadecuada. Una buena parte de los maestros escoge los métodos (cuando tiene conocimiento de ellos) sin tener en cuenta a los alumnos ni la transformación de sus vidas. Esta falta de pericia, en la mayoría de los casos, hace el trabajo docente improductivo, inoperante.

Todo maestro debe ser juicioso en la elección del método que empleará en su clase. Cada situación específica requiere un método apropiado. Deben evaluarse todas las ventajas y desventajas antes de se aplicar cualquier tipo de método.

I. ¿Qué es método?

En la Grecia antigua método significaba "camino para llegar a un fin". Con el paso del tiempo esa significación se generalizó y el término comenzó a emplearse también para expresar otras cosas, como "manera de actuar", "proceso de enseñanza", etc.

En la actualidad, la mayoría de los teóricos concuerdan que método es un conjunto de etapas, ordenadamente dispuestas, que deben vencerse en la investigación de la verdad, en el estudio de una ciencia o para alcanzar un fin deseado. El método indica qué hacer, es el orientador de la actividad. Esta es la acepción que nos interesa en el campo de la enseñanza: es la que nos remite al método didáctico. ¿Y qué es el método didáctico? ¿Cómo utilizarlo de modo eficiente? ¿Puede aplicarse en cualquier disciplina? ¿Puede adaptarse a la realidad del plan de estudios bíblicos que se enseña en la Escuela Dominical?

Según el educador Luiz Alves de Mattos, "el método didáctico es la organización racional y práctica de los recursos y procedimientos del maestro, tratando de conducir el aprendizaje de los alumnos a los resultados previstos y deseados". Todo método tiene por objetivo llevar al alumno al dominio seguro y satisfactorio de los contenidos de la enseñanza, ampliando sus conocimientos, enriqueciendo su experiencia y desarrollando sus capacidades.

El método didáctico puede desarrollarse en varios procedimientos y actividades de enseñanza, como veremos más adelante.

II. ¿Cuál es el mejor método?

El método de exposición oral, aunque muy criticado, es el preferido de la mayoría de los maestros. Este es aquel en que el maestro habla todo el tiempo, y a veces responde a algunas preguntas. Entre las desventajas del empleo exclusivo de este método, se destacan dos: La primera es que este método pone toda la responsabilidad sobre los hombros del maestro. Como consecuencia, el alumno no participa activamente del proceso de enseñanza. No se le exige casi nada. La segunda es que el maestro no dedica su atención a un alumno específicamente. Todos son nivelados de acuerdo con el desempeño del grupo.

Por último, ¿cuáles son los mejores y los peores métodos a emplearse en la enseñanza? ¿Cuáles son los más eficaces? El hecho es que, determinado método puede ser mejor para ciertos propósitos y no tan eficaz para otros. Según Leroy Ford, la elección de los métodos depende de los propósitos, de la capacidad del maestro, de la capacidad del alumno, del tamaño del grupo, del tiempo disponible y de los equipos necesarios. Los métodos deben ser adecuados a los objetivos de cada clase. El maestro no debe sentirse obligado a emplear este o aquel, y mucho menos abandonar el modo tradicional. Debe más bien estar atento al resultado final del aprendizaje.

Alguien ha dicho, con mucha propiedad, que el peor método es el que siempre se emplea. No importa cuál sea: discusión, preguntas y respuestas, o exposición. Si se emplea invariablemente todos los domingos, es lo peor. Cada método tiene su valor y su propósito. No hay uno mejor que otro.

A veces un maestro siente que debe emplear sólo un método durante el período total de la lección. Es claro que habrá ocasiones en que será este el caso. Pero lo ideal es que el maestro emplee diversos métodos en una sola lección. En una clase dada podrá emplear preguntas y respuestas, y permitir un intercambio de ideas. Podrá tomar algunos minutos para explicar algún punto difícil o contar una historia. Una combinación de estos métodos con énfasis principal, ya sea en uno o en otro, es probable que sea el mejor procedimiento de enseñanza.

El profesor Robert Joseph Choun Jr. nos presenta seis normas para la selección de métodos de enseñanza creativos:

1. Cerciórese de que el método o la actividad combina con el nivel de capacidad y madurez de los alumnos.
2. Tenga varias opciones de actividades para estimular el interés del alumno.
3. Proporcione variedad para mantener el interés de los alumnos e impedir disgustos.
4. Ofrezca orientaciones claras para asegurar el aprovechamiento del alumno.
5. Incluya preguntas planeadas que ayuden al alumno a reflexionar en los niveles de conocimiento, comprensión y aplicación.
6. Proporcione dirección e incentivo que sustenten el interés y la motivación del alumno.

III. Diversificación de los métodos

1. Exposición oral

a) ¿Qué es?
Método tradicional empleado a menudo en escuelas de todos los niveles. El maestro, delante del grupo, expone oralmente la

materia. Esta exposición casi siempre es unilateral: sólo el maestro habla todo el tiempo. Este método es el más criticado, pero el más empleado. El éxito o el fracaso en su empleo depende de la capacidad del maestro. La clase expositiva bien planeada evita la monotonía, la somnolencia y el consiguiente desinterés de los alumnos.

b) ¿Cómo planear una clase expositiva?
¿Qué debe hacer el maestro cuando decide que, según sus objetivos, el método de exposición es el más eficaz para transmitir el contenido de su materia? He aquí algunas sugerencias:

- **Limitar el período de tiempo de la clase**
  El tiempo de una clase expositiva debe adaptarse a la edad de los alumnos. Aun en las mejores circunstancias, media hora de exposición puede representar el límite de cualquier nivel de edad.

- **Planear lo que va a decir**
  Este planeamiento no debe ser excesivamente meticuloso. No es necesario, por ejemplo, que el maestro lea palabra por palabra de sus apuntes. Esto puede lograr que los alumnos se disgusten y disgreguen. Hay maestros que prefieren escribir sus clases. Para estos, las clases completamente escritas les dan una sensación de seguridad pero, si pierden el lugar en que están leyendo, puede ser difícil encontrarlo, lo que será tal vez un tanto desconcertante para tales maestros y sus clases. Mejor es preparar las notas en forma de bosquejo, haciendo listas de palabras, o frases que desencadenen

asociaciones en la mente de ellos. Planear lo que va a decir evita el riesgo de que el maestro se pierda en divagaciones.

- **Preparar preguntas para los alumnos**
  Las preguntas hechas directamente a los alumnos pueden ayudarlos a evaluar hasta qué punto están aprendiendo la clase. El maestro podrá comenzar su clase con una serie de preguntas para que los alumnos reflexionen sobre ellas, y así tal vez logren responderlas cuando él haya concluido su exposición.

- **Ofrecer ejemplos que impliquen la experiencia de los alumnos**
  El maestro debe facilitar la participación de los alumnos en el empleo de los ejemplos que presente en la clase. Si los ejemplos tuvieran paralelo con la experiencia de ellos, es probable que se asimile la clase expositiva.

- **Dar un poco de humor a la exposición**
  Cualquier maestro puede enseñar con ilustraciones, con tal de que sean significativas con relación a los objetivos propuestos y que realmente enriquezcan el contenido. Se debe tener cuidado con las exageraciones. Si el maestro tuviera que usar una ilustración como recurso, debe hacer que parezca espontánea y nunca impropia.

- **Resumir los puntos principales**
  Poner en la pizarra un resumen de los puntos principales es muy importante. El resumen subraya la

información que debe destacarse para el alumno, y evita que se concentre en consideraciones de importancia secundaria. En lugar de una recitación informal del resumen, el maestro podrá pedir a diferentes alumnos que resuman oralmente lo que él dijo.

- **Mejorar la elocución en las clases expositivas**
Se debe dar la clase en voz alta y en ritmo moderado. Muchos maestros hablan demasiado bajito y otros con excesiva rapidez. Se deben evitar hábitos de elocución que puedan perturbar a los alumnos, tales como: "¿no?", "¿entendió?" y "muy bien" interpolados con intervalos frecuentes. El empleo de tales rellenos es, en general, una reacción nerviosa y refleja una tentativa oral de tomar tiempo para los procesos mentales del maestro.

- **Tener cuidado con el lenguaje**
Algunos maestros piensan que forma parte de sus obligaciones profesorales impresionar a los alumnos con su importancia, cultura, sagacidad y lenguaje refinado. Sin embargo, el empleo de un vocabulario superior a la comprensión de los alumnos, por lo regular tiene consecuencias negativas. Cuando un maestro emplea palabras nuevas, debe definirlas en la propia exposición. Si lo prefiere, podrá pedir a uno de sus alumnos que explique la palabra para el restante de la clase.

- **Emplear frases sencillas y cortas**
Una frase complicada puede ser muy bella en letra impresa, pero casi incomprensible cuando se habla.

- **Saber gesticular**
  Gesticular mientras habla es un excelente hábito. Muchos maestros parecen estar amarrados a sus mesas. Nunca llegan hasta donde están los alumnos. Al exponer sus clases, los maestros deben moverse libremente en el aula.

- **Establecer "contacto ocular" con los alumnos**
  El maestro debe mirar a sus alumnos en el rostro. Ellos se sienten más interesados cuando se dan cuenta de que sus maestros les prestan atención personalmente.

La educadora Graziela Zóboli, especialista en práctica de enseñanza, añade a los admiradores de la técnica de la clase expositiva los procedimientos siguientes: *establecer claramente sus objetivos; planear la secuencia de los temas; mantener los alumnos en una actitud de reflexión; dar colorido emocional a la exposición; fomentar ejercicios rápidos; efectuar recapitulaciones de los contenidos presentados y considerar las vivencias de los alumnos.*

2. División de grupos pequeños

a) ¿Qué es?
Se caracteriza por la división de la clase en pequeños grupos para la realización de una actividad específica. Este método procura desarrollar la capacidad de estudiar un tema en equipo, de forma sistemática. Teniendo en cuenta el tamaño de la clase, debe dividirse en pequeños grupos de tres a cinco alumnos. Cada grupo debe tener un relator. Es necesario también que los grupos dispongan de cuaderno u hoja de papel para anotaciones.

b) ¿Cómo funciona?

El maestro debe escribir en la pizarra algunas preguntas referentes al tema en estudio para reflexión y debate.

c) Ejemplo

Supongamos que el tema sea "Avivamiento". El maestro podrá proponer las preguntas siguientes:

- Medite en los Salmos 80:18,19; 85:4-7; 138:7,8 y responda a la pregunta: ¿Qué significa avivamiento en esos textos?
- ¿Cuál es la bendición del avivamiento descrita en Oseas 6:1-3 y 14:7?
- ¿Considera que su iglesia está apta para experimentar un avivamiento?
- ¿Cuál sería el efecto de un avivamiento en su comunidad?

Terminado el tiempo del debate, los relatores de cada grupo deben presentar sus conclusiones, las que pueden resumirse en la pizarra.

d) Observación

Es necesario considerar la limitación del tiempo reservado al estudio de la lección propiamente dicha.

3. Panel

a) ¿Qué es?

Consiste en desarrollar, en la presencia de los alumnos, un intercambio de ideas entre un grupo de personas, seleccionadas ya sea por ser autoridades en la materia que se analiza, o por estar interesadas o afectadas por el problema en cuestión, o por representar puntos de vista antagónicos. El panel ayuda a los alumnos a analizar los diversos aspectos de un tema. Su objetivo no es llegar a una solución completa del problema abordado, sino producir conclusiones que lleven a una solución.

b) Ejemplo de panel del tipo interrogación.

Área de discusión:	Psicológica educativa.
Tema:	"¿De qué forma la educación cristiana contribuye en la formación integral del niño?"
Nombre del moderador:	Fulano de tal.
Panelistas:	Fulano, Zutano y Mengano.
Objetivo:	Resumir los contenidos presentados en determinada clase expositiva.

Estrategia:

A – El moderador presenta a los panelistas, el tema y el objetivo de debate;

B – Cada panelista hará una breve exposición del tema (no más de 10 minutos);

C – El moderador hace una pregunta general para cualquiera de los panelistas y, a partir de entonces, se inicia una discusión interna (por unos 10 minutos);

D – El moderador le ofrece al público la oportunidad de hacer preguntas.

Observación: Podrá establecerse un panel de alumnos que preguntan.

4. Debate o discusión

a) ¿Qué es?

El método de discusión o debate es aquel en que se presenta un tema de la lección para que lo analicen los miembros del grupo.

b) ¿Cómo funciona?

El maestro debe proporcionarle al grupo un debate acerca de determinado tema. Debe dividirse la clase en dos grupos (A y B). El grupo A analizará el tema durante diez minutos, y el B observará y analizará la discusión anotando los puntos importantes.

Terminada la primera parte de la sesión, los grupos invierten sus funciones.

Al cumplirse el tiempo determinado para la participación de ambos grupos, el maestro debe asumir el mando y conducir las preguntas para terminar.

5. Preguntas y respuestas

Se ha empleado este método por notables maestros desde los orígenes de la educación. Su gran ventaja es poder ser usado durante todo el proceso de enseñanza. El pastor Antonio Tadeu, en su libro *Como Tornar o Ensino Eficaz [Cómo hacer la enseñanza eficaz]*, se refiere categóricamente a la eficacia de este método: "Su eficacia radica principalmente en el hecho de que las preguntas siempre son desafiantes". (...) "La mente, en este caso, no sólo capta informaciones sino que las analiza y considera. Hay todo un proceso de reflexión, análisis y evaluación que ocurre en el cerebro del alumno mientras él recibe la pregunta, medita en las implicaciones y verbaliza la respuesta."

a) *¿Cuáles son las ventajas de este método?*
- Ayuda a mantener la atención.
- Sirve como adiestramiento para el raciocinio de los alumnos.
- Permite que los alumnos tengan participación activa en la clase.
- Ayuda y desarrolla la forma de expresión de las ideas.
- Permite al maestro supervisar el aprendizaje y evaluar la eficacia de su clase.
- Lleva al alumno a pensar y aprender las relaciones entre las verdades ya aprendidas y a organizar esas verdades en su memoria.
- Favorece la recapitulación y fijación de la materia.
- Puede aplicarse a todas las edades.

b) *¿Qué debe evitarse?*
- Evite dirigir preguntas a la clase con demasiada frecuencia. Lo que en didáctica hace un buen diálogo no es la cantidad de preguntas dirigidas a los alumnos, sino la calidad de ellas. Algunas preguntas bien hechas desencadenan intensa motivación, lo que no se logra con una larga serie de preguntas sin importancia y a veces fuera de lugar.
- Evite formular preguntas vagas o ambiguas. Hay preguntas que no permiten al alumno orientarse con relación al sentido en que debe procurarse la respuesta.
- Evite formular preguntas relativas a cuestiones ya tratadas, cuyas respuestas dependen sólo de apelar a la memoria. Las mejores preguntas son las que proponen problemas y provocan la intervención de la inteligencia para el descubrimiento o redacción de la respuesta.

- Evite, al dirigir preguntas a la clase, reservar a los alumnos solamente la tarea de completar frases o vocablos. Por ejemplo: La Biblia es la Palabra de....? (Dios). Jesús murió en la... ? (cruz).

6. Trabajo en grupo

a) ¿Qué es?

Este método tiene como objetivo estimular el raciocinio y la participación total de la clase. A los alumnos se les debe orientar a que analicen un punto relacionado con la lección o con un texto bíblico.

b) ¿Cómo funciona?

Dele a cada alumno una copia del punto que se va a discutir o del texto que se interpretará. Dé algunos minutos para que cada uno pueda escribir sus ideas. Después divida la clase en grupos de tres o cuatro participantes, a fin de hablar sobre lo que escribieron. Cada grupo debe escoger a un miembro que presente el punto de vista respectivo cuando se reúna otra vez la clase. Después de cuatro a seis minutos, reúnalos y deje que los grupos digan a qué conclusión llegaron. A medida que cada representante expone sus ideas, anótelas en la pizarra. Concluya con un resumen de las ideas presentadas. Esta dinámica incluye a toda la clase y presenta planes valiosos para el desarrollo de la lección.

7. Método de raciocinio deductivo

a) ¿Qué es?

Se puede emplear con eficiencia el método de raciocinio deductivo en clases de todos los niveles. Ese método consiste en la obtención de conocimientos generales sobre determinado tema para llegar a la comprensión de datos específicos, o sea, sacar una verdad particular de una verdad general en la que ella está implícita. Este método es también conocido como Silogismo. Hay varios tipos de silogismos.

Observe a continuación los ejemplos de silogismo categórico:
A – **Premisa mayor:** Todos los hombres son mortales; (Conocimiento general)
   Premisa menor: Sócrates es hombre; (Dato específico)
   Conclusión: Por lo tanto, Sócrates es mortal.
B – **Premisa mayor:** "Los de limpio corazón verán a Dios".
   Premisa menor: Usted es limpio de corazón.
   Conclusión: Por lo tanto, usted verá a Dios.

IV. Dinámicas de grupo

La rutina, la ausencia de creatividad y el desinterés general de algunos maestros son grandes enemigos de la Escuela Dominical. Los maestros que no varían sus procedimientos de enseñanza tienden al desánimo y consiguiente fracaso en su misión educativa. No hay necesidad de que el maestro trabaje única y exclusivamente con el tradicional método de la exposición. Hay a su disposición una gran cantidad de recursos didácticos, técnicos y dinámicos que hacen las clases más interesantes y participativas. He aquí algunos:

1. Phillips 66

a) ¿Qué es?
Esta técnica consiste en la división de un grupo grande de alumnos en pequeñas fracciones de seis miembros, que analizan un tema

durante seis minutos. Tiene por objetivo dar a los alumnos, en una clase numerosa, oportunidad de participar, ya sea formulando respuestas y preguntas, o expresando opiniones y posiciones.

2. Parejas

a) ¿Qué es?

Es fraccionar a un grupo muy grande para dar oportunidad de participación a todos.

b) ¿Cómo funciona?

El maestro debe pedirles a los alumnos que formen parejas, es decir, pequeños grupos de dos personas para analizar el tema, resolver un ejercicio o un problema.

c) Ejemplo:

Pida a los participantes que relacionen en la pizarra las ideas principales acerca del tema y presenten sus propios argumentos. Deles cinco minutos para la ejecución de esta actividad. Terminado el tiempo del análisis, reúna todos los grupos en uno solo, y cada pareja de alumnos presentará su conclusión. Supongamos que el tema de la clase esté basado en Santiago 3:1-12, que habla sobre el dominio de la lengua.

Sugerencias de argumentos para debate: "Debe mantenerse la lengua bajo control", "La lengua puede maldecir y bendecir", "Quien gobierna la lengua, gobierna todo el cuerpo", "Puede evitarse el tropiezo de la palabra mediante la disciplina en el hablar".

3. Grupos simples con tarea única

a) ¿Qué es?

Los alumnos se dividen en grupos de 5 a 8 miembros. El maestro escribe en la pizarra una pregunta o proposición que todos los grupos deben discutir durante un período de tiempo. Cada grupo nombra un coordinador y un relator. Terminado el tiempo de debate, los grupos se reúnen y los relatores de cada grupo presentan sus conclusiones. Estas pueden o no ser resumidas en la pizarra.

b) ¿Cómo funciona?

Para darle dinamismo a su clase, emplee la técnica denominada "discusión en grupos simples, con tarea única". Divida la clase en cinco, o por lo menos tres grupos. Oriéntelos para que analicen el tema durante diez minutos. Pida que cada grupo nombre un relator. Terminado el tiempo de análisis, los grupos deben reunirse y los relatores presentarán sus conclusiones. Es necesario que el maestro administre bien el tiempo y dirija el debate de modo que los alumnos no divaguen ni se aparten del tema.

4. Pregunta circular

En todas las clases, hay alumnos tímidos que por lo general no participan de las actividades propuestas por el maestro. Los más introvertidos se esconden y nunca contribuyen.

a) ¿Cómo funciona?

Para comenzar la clase, emplee la técnica denominada "pregunta circular", que consiste en lo siguiente: el maestro anuncia que se hará la misma pregunta a todos los alumnos, uno a uno, todos deben responder cuando les llegue su turno. La distribución física no tiene que ser obligatoriamente en forma de círculo, sino cualquier disposición que les permita a todos responder sucesivamente. Preguntas sugeridas: "¿Qué diferencia hay entre la sabiduría puramente humana y la proveniente de Dios?" "¿Hay diferencia entre sabiduría y conocimiento?"

Usted podrá formular otras preguntas de acuerdo con los objetivos específicos de la clase.

5. Estudios de casos

a) ¿Qué es?

Consiste en presentar de forma sucinta una situación real o ficticia para ser analizada en grupo. La forma de presentar el caso puede consistir en descripción, narración, diálogo, dramatización, secuencia fotográfica, película, artículo periodístico y otras.

6. Intercambio de ideas

a) ¿Qué es?

Esta técnica es un modo de estimular nuevas ideas respecto a determinado tema a fin de captar las ideas en estado naciente, antes de ser sometidas a los esquemas cerrados y rígidos de los procesos de pensamiento.

b) ¿Cómo funciona?

La técnica consiste en lo siguiente: El maestro hace una pregunta o proposición y, un alumno a la vez, responde de inmediato con sus propias palabras, sin tener el tiempo necesario para estructurar u ordenar lógicamente la respuesta.

c) Ejemplo.

Supongamos que el tema de la clase sea "La felicidad sólo existe en Dios". El maestro podrá pedirle a la clase que defina el término "felicidad". "¿Qué es felicidad?".

Después de algún tiempo de ejercicio, el maestro debe ir a la pizarra y, con los alumnos, escribir el concepto más apropiado según el texto bíblico en estudio.

7. Grupo de expresión verbal frente a grupo de observación

Se deben formar dos grupos de alumnos y disponerse de forma concéntrica. El grupo interior será el de expresión verbal, que discutirá el tema durante diez minutos. Y el exterior, el de observación, que seguirá el análisis, anotando las principales ideas acerca del tema. Terminado el tiempo estipulado, los grupos invierten sus funciones. El grupo que anteriormente observaba, pasará a verbalizar y viceversa, siguiendo el mismo procedimiento. Acto seguido se forma un solo grupo que, orientado por el maestro, debatirá los puntos discrepantes de las exposiciones.

Debido a que debe limitarse el tiempo de clase en la Escuela Dominical, esta técnica no debe ocupar más de tres minutos. La distribución del tiempo de la dinámica podrá ser la siguiente: 5 minutos para el primer grupo, 5 para el segundo y 3 minutos para la conclusión y aplicación de los puntos principales.

Conclusión

El contenido, por sí solo, es infructuoso a los fines del aprendizaje; es sólo una fuerza potencial. Cuando se enseña con buen método, se vuelve rico, sugestivo y eficaz, dinamizando la mente de los alumnos, inspirándolos y abriéndoles nuevas perspectivas de estudio y de vida.

El método, en sí mismo, no constituye garantía de una enseñanza eficiente. Para serlo, debe revitalizarse y dinamizarse por la personalidad del maestro con su entusiasmo, su talento y su dedicación.

Preguntas para reflexión

1. ¿Qué es el método didáctico? ¿Cómo emplearlo de modo eficiente?

2. ¿Qué tipo de método emplea usted en su práctica docente?

3. ¿En qué difiere el método tradicional de los demás?

4. ¿Usted acostumbra alternar el método expositivo con otros más creativos?

7 CAPÍTULO
Cómo hacer la enseñanza dinámica y productiva

Resumen

Introducción

I. Conozca la potencialidad de su clase
II. Planee sus clases por anticipado
III. Incentive la participación activa de los alumnos
IV. Diversifique los procedimientos de enseñanza
V. Incentive a sus alumnos a estudiar la lección en casa

Conclusión
Preguntas para reflexión

Objetivos del Capítulo

✓ *Analizar los procedimientos didácticos creativos aplicables a la educación cristiana.*

✓ *Incentivar la participación activa de los alumnos en el proceso de enseñanza-aprendizaje.*

✓ *Lograr que el maestro sea consciente de la necesidad de planear sus clases por anticipado.*

Capítulo 7

Cómo hacer la enseñanza dinámica y productiva

> "No hay un solo método que haya dado el mismo resultado con todos los alumnos. La enseñanza se vuelve más eficaz cuando el maestro conoce la naturaleza de las diferencias entre sus alumnos."
>
> *J. McKeachie Wilbert*

Introducción

Al contrario de lo que se piensa, dar clases puede ser un gran desafío. Basta ser creador, dinámico y emprendedor. Un buen maestro nunca queda satisfecho con su trabajo. Procura siempre mejorar su desempeño. Vive en la búsqueda constante de lo nuevo, de cómo crear nuevas expectativas en sus alumnos. La enseñanza dinámica y productiva es la que provoca en los alumnos una sensación de intensa voluntad de aprender. ¿Qué tiene que hacer el maestro a fin de emprender este tipo de enseñanza? Veamos:

I. Conozca la potencialidad de su clase

1. Conozca a sus alumnos

Conocer la realidad del alumno es indispensable a cualquier maestro que tenga por meta principal la eficacia y la productividad de su enseñanza. Saber el nombre completo y dónde el alumno vive es sólo el inicio de un sondeo que debe profundizarse a medida que el maestro conquista la confianza y el privilegio de ser para el educando mucho más que un mero instructor, un educador.

Si el maestro en realidad busca un diagnóstico perfecto y seguro, tendrá que hacer preguntas mucho más específicas, o sea, debe recopilar datos que abarquen, por lo menos, los principales aspectos y sectores de la vida del alumno y no sólo generalidades. Observe algunas cuestiones específicas:

"¿Sabe usted cómo sus alumnos se relacionan con la comunidad donde viven?"
"¿Conoce sus intereses, sus dificultades y sus dudas?"
"¿Sabe algo acerca de su desempeño en los estudios seculares o en el trabajo?"
"¿Mantiene buenas relaciones con sus familiares?"
"¿Conoce algún problema en particular en la vida de ellos?"
"¿Qué podría decir sobre sus testimonios?"
"¿Hay alguna cosa especial que necesitan?"
"¿Está dispuesto a pasar más tiempo con ellos para guiarlos, instruirlos, consolarlos y disfrutar de su amistad?"
"¿Ha orado usted con ellos y por ellos?"

La realidad es que cada una de esas circunstancias afectará, en mayor o menor grado, la actitud y el aprovechamiento de los alumnos en el estudio de cada lección.

Estimado maestro, si de veras quiere conocer y conquistar a sus alumnos mediante la enseñanza de la Palabra de Dios, con el propósito de hacerlos creyentes maduros, convencidos y diligentes, le aconsejo que responda positivamente a todas esas preguntas.

2. Evalúe previamente la potencialidad de su clase

Para evaluar el nivel de conocimiento de sus alumnos con relación a los nuevos contenidos de cada lección o trimestre, es recomendable que se haga una preevaluación, es decir una evaluación del grado de conocimiento del grupo acerca del tema que se va a desarrollar.

Supongamos que el propósito principal de la lección sea presentar la Epístola de Santiago. ¿Cómo comenzaría esta clase? ¿Cómo seleccionaría el contenido a fin de hacer la clase interesante y participativa? ¿Qué tipo de información sobre el tema cautivaría la atención de los alumnos? ¿Saben ellos algo acerca del tema? ¿Conocen algo pertinente al ministerio y a la vida del apóstol? ¿Leyeron esa epístola por lo menos una vez?

Debido a tantos interrogantes, la mejor manera de presentar un nuevo tema es preguntarles a los propios alumnos lo que saben al respecto. Por ejemplo:

"¿Quién fue Santiago?"
"¿Qué dice la Biblia acerca de su ministerio?"
"¿De qué forma murió?"
"¿Cuál es el tema principal y el propósito de su epístola?"

Mediante las respuestas de ese pequeño cuestionario, estará el maestro recopilando datos importantes que consistirán en un significativo diagnóstico de la clase. A partir de ahí, él podrá seleccionar ayudas que enriquecerán las lecciones y determinarán cuáles procedimientos y recursos son más adecuados para alcanzar sus objetivos.

II. Planee sus clases por anticipado

Para que la enseñanza sea significativa y productiva es de suma importancia que el maestro planee sus clases con mucha anticipación, es decir, diariamente, desde el inicio hasta el fin de la semana, y no en las últimas horas antes de la clase dominical. El educador cristiano debe saber con anticipación lo que va a proponer, lo que va a exigir y lo que va a ofrecer a sus alumnos. Los resultados de sus inversiones en el campo educativo serán contabilizados para la eternidad. Observe los consejos prácticos siguientes:

1. Establezca metas teniendo en cuenta su "población a enseñar"

La preparación de la lección forma parte de los deberes del maestro, que debe cumplirlos teniendo en cuenta las necesidades del alumno, y no las suyas. ¿Quiénes son sus alumnos? ¿Qué necesitan realmente? Lo que interesa a un alumno adulto puede no despertar la atención de un joven, un adolescente o un niño. Planear la clase sin tomar esto en consideración es quedar delante de la clase "predicando en el desierto". La preparación anticipada de la lección evita distorsiones en este sentido.

Al preparar la lección, el maestro debe tener en cuenta por lo menos tres propósitos específicos de acuerdo con la edad:

a) ¿Qué deseo que mis alumnos aprendan?
b) ¿Qué deseo que mis alumnos sientan?
c) ¿Qué deseo que mis alumnos hagan?

2. Prepare el bosquejo de la lección en un cartel

Antes de confeccionar el cartel piense en las siguientes posibilidades: ¿Cómo será la estructura? ¿Qué tipo y tamaño de letra voy a usar? ¿Qué colores? ¿Debo ilustrarlo con figuras?

3. Comience el estudio de la lección el primer día de la semana

Iniciando sus estudios el primer día de la semana, usted tendrá toda la semana para orar, meditar en los pasajes bíblicos y permitir que el Espíritu de Dios obre en su mente y corazón.

4. Seleccione los recursos y procedimientos didácticos a emplearse

Hay que pensar en las actividades que se desarrollarán durante la clase antes de seleccionar el material de apoyo. Todos los procedimientos y recursos deben estar explícitos en su plan de clase. En caso de que desee ilustrar un punto de la lección utilizando un objeto cualquiera, debe pensar en qué momento de la clase lo utilizará.

5. Seleccione las fuentes de ilustraciones con antelación

Un periódico o una revista semanal puede convertirse en excelente fuente de ilustración. Habitúese a llevar "recortes" a la clase. Ese simple procedimiento causará motivación e interés en toda la clase.

6. Formule en casa las preguntas que quiere hacer durante la clase

Es necesario tiempo para reflexionar: ¿Qué tipo de preguntas debo hacer? ¿Estimuladoras? ¿Reforzadoras? ¿Esclarecedoras? ¿Qué posibles respuestas obtendré? ¿Voy a escribir las preguntas en la pizarra, en tiras de papel o expresarlas oralmente?

7. Estudie la lección

El profesor John Milton Gregory, en su famoso libro *Las siete leyes de la enseñanza*, relaciona algunas reglas importantes para el estudio del maestro.

- Estudiar la lección hasta que se vuelva la forma del lenguaje conocido. Lo que resulta del pensamiento claro es el discurso claro, o el hablar claramente.
- Hallar el orden natural de los varios pasos o fases de la lección.
- Hallar las relaciones que la lección tiene con la vida de los alumnos. El valor práctico de la lección está fundamentado en esas relaciones.
- Usar libremente todos los medios legítimos y nunca descansar mientras la verdadera comprensión no esté muy clara en la mente.
- Recordar siempre que el dominio completo de pocas cosas es mejor que el ineficiente conocimiento de muchas cosas superficialmente.

- Consagrar tiempo al estudio de cada lección, antes de dar clases.
- Hacer un plan de estudio, y no titubear en estudiar, cuando sea necesario, algo más de lo que está en el plan. El mejor ejercicio nemotécnico es preguntar y responder estas cosas respecto a la lección: ¿Qué? ¿Cómo? ¿Por qué?
- No dejar de buscar la ayuda de buenos libros que traten del tema de sus lecciones.
- Si es posible, conversar acerca de la lección con un amigo; el encuentro de ideas muchas veces trae luz. Al no poder conseguir ayuda, escriba sus ideas, ya que el expresarlas por escrito podrá aclarar sus pensamientos.

8. Practique su clase

Su clase, como cualquier otra acción, mejorará con la práctica. Muchos maestros se enteran del tema, pero sólo practican una vez, exactamente cuando están delante de los alumnos. No es de extrañar que ocurran tantos problemas de ritmo, sincronía y contratiempo.

Sólo hay una manera de evitar tales desastres: practique antes. Dé clase en su casa a su cónyuge o a sus hijos, o, a falta de ellos, al espejo.

9. ¿Qué hacer específicamente cada día?

Domingo:
Leer — Lea la lección de la semana y haga un estudio amplio de todo el texto. Prepare los recursos visuales que desea usar.

Lunes:

Hacer un resumen — Lea otra vez el texto bíblico y apréndase de memoria el texto áureo y la verdad práctica. Lea varias veces los objetivos y haga un resumen de la lección.

Martes:

Situar la lección históricamente — Vuelva a leer toda la lección y recuerde el texto bíblico. Compruebe el momento histórico del texto:

¿Qué le ocurría al mundo en la época relacionada con el texto?

Miércoles:

Destacar los principales personajes — Vuelva a leer la lección y escriba el nombre de todos los personajes mencionados. Lea todo lo que pueda respecto a cada uno. Estudie maneras interesantes de presentarlos a la clase, de modo que los alumnos lleguen a pensar en ellos como gente de carne y hueso.

Jueves:

Situar la lección geográficamente — Estudie los lugares mencionados en la lección. Aprenda a pronunciar sus nombres correctamente. Pegue un buen mapa bíblico, procure esos lugares y localice cada uno.

Viernes:

Destacar los principales hechos — Vuelva a leer la lección con mucho cuidado. Nótense, sobre todo, los hechos que se relacionan con Cristo.

Sábado:

Aplicación — Vuelva a leer sus anotaciones sobre la lección. ¿Cómo aplicará la lección en su vida? ¿Cómo desea que sus alumnos apliquen la lección a la vida de ellos?

Domingo:

Dedicarse a la oración — Ore antes de enseñar.

Planeando por anticipado las ideas y los materiales necesarios para las actividades de enseñanza, van surgiendo progresivamente, sin apuros de última hora. El domingo usted estará preparado, con ideas creativas y concretas para el desarrollo de su clase.

III. Incentive la participación activa de sus alumnos

1. Mejore la comunicación con sus alumnos

La comunicación entre el maestro y los alumnos debe ser bilateral o multilateral, nunca unilateral. En otras palabras, los alumnos necesitan expresar libremente sus opiniones, ideas y sentimientos. Por lo tanto, es aconsejable que el maestro fomente entre ellos debates, análisis y trabajos en grupo, incentivando el intercambio de experiencias e informaciones. Algunos maestros temen que sus alumnos no retengan, mediante el análisis, por ejemplo, informaciones adecuadas y valiosas. O no comprendan los principales conceptos de la materia con la misma seguridad que lograrían mediante una buena exposición oral. Otros piensan sencillamente que el trabajo en grupo toma mucho tiempo. Sin embargo, la gran mayoría de los técnicos educacionales concuerdan que la comunicación multilateral dinamiza las clases mediante la participación de toda la clase en el proceso enseñanza-aprendizaje.

Toda enseñanza debe ser dinámica y ningún aprendizaje puede dejar de ser activo, ya que solamente se realiza por el esfuerzo personal del que aprende. El maestro debe pedir, ya sea al comienzo o en el transcurso de cualquier clase, la opinión, la colaboración, la iniciativa y el trabajo del propio alumno.

¡Sea un comunicador que dialoga y no un simple transmisor unilateral! Se tratará detalladamente este tema en otro capítulo.

2. Comprenda, respete y valore a sus alumnos como persona

El maestro debe oír a sus alumnos y dialogar con ellos, conociendo sus necesidades, procurando atenderlas dentro de lo posible, dedicándoles tiempo fuera de la clase de la Escuela Dominical.

Hay maestros que se ponen en un pedestal considerándose "dueños del saber". Tales maestros olvidan que sus alumnos, independientemente de la "escolaridad", tienen experiencias de vida dignas de ser compartidas. El conocimiento que poseen constituye materia indispensable para el enriquecimiento del contenido de la clase.

El maestro jamás puede subestimar a sus alumnos. Debe tratarlos con respeto, valorando siempre sus participaciones y la expresión de sus ideas. Todo maestro debe conocer y practicar el principio del respeto y de la igualdad. Cuando el alumno se da cuenta de que su maestro lo respeta, se siente aceptado y desarrolla una relación de aprecio y admiración con él. Viéndose en el mismo nivel, el alumno se expresa con más facilidad, está más dispuesto a exponer sus dudas, hacer preguntas y conversar acerca de sus ideas. Se siente valorado. Cree que el maestro no lo censurará ni lo reprenderá con juicios sobre su capacidad intelectual, sino que va a ayudarlo a expresarse mejor.

3. Haga que sus alumnos se sientan parte de un grupo

Entre las muchas funciones del maestro, se destaca la de "socializador". Incluso la propia educación y la enseñanza son fenómenos de interacción psicológica y comunicación social. La posibilidad de que una persona se relacione bien con su familia, o con un grupo de amigos, le ofrece seguridad, le ayuda a combatir la soledad y favorece su crecimiento espiritual. A veces suponemos tendenciosamente que nuestros alumnos sólo necesitan el conocimiento bíblico para el inmediato ingreso en la obra del Señor. Olvidamos sus problemas sociales y afectivos, sus dificultades de relación y la necesidad de cultivar amistades sinceras. ¡Esto es un grave error! El maestro debe propiciar un ambiente de amistad entre los alumnos. No es suficiente el contacto que tiene con ellos durante la clase en la Escuela Dominical. El maestro tiene que brindar un ambiente favorable para una interrelación donde haya comprensión y puedan compartir ideas, aspiraciones y verdades aprendidas en la Palabra de Dios.

Observando las palabras de Pablo en Efesios 4:13 "Hasta que todos lleguemos..." nos aseguramos que el medio ambiente propicio al crecimiento espiritual se encuentra en el contexto de la comunión cristiana.

4. Enseñe con entusiasmo

Sea sencillo y directo al enseñar, pero entusiasta. ¿Qué es entusiasmo? En la antigüedad, según los diccionarios, esta expresión significaba la exaltación o el fervor de aquellos que estaban bajo inspiración divina. En la actualidad, el sentido parece seguir con el mismo tenor. Una persona entusiasta es la que tiene exaltación creadora, dedicación ardiente en todo lo que hace y siempre habla con vehemencia, vigor y pasión.

Un entusiasmo verdadero contagiará a los alumnos. ¿Acostumbra usted preparar la lección con alegría? ¿Estudia y enseña para su propio beneficio y bendición espiritual, así como para el beneficio de su clase? ¿Se siente feliz y radiante cuando la clase está reunida para el estudio de la lección? Si usted muestra entusiasmo, los alumnos harán lo mismo. De lo contrario, el desánimo será generalizado.

5. Emplee lenguaje sencillo

¿Cómo debe ser el lenguaje del maestro? Para transmitir bien el mensaje y facilitar la comprensión del alumno, el lenguaje del educador debe caracterizarse por la claridad, sencillez y por ser comprensible. Pero debe ser elocuente, relativamente pausado. La voz debe ser agradable, bien audible; y la dicción ha de ser la más perfecta posible.

La claridad de la exposición depende esencialmente de la claridad de la idea. Si el maestro no tiene dominio del tema y se siente titubeante y confundido, jamás se expresará con limpieza ni presentará de forma ordenada los hechos y argumentos.

Lo comprensible se relaciona con los términos que empleamos. Palabras poco usadas, neologismos y exceso de términos técnicos y teológicos dificultan la recepción del mensaje, haciéndolo incluso incomprensible para ciertos alumnos, o para toda la clase. Sin embargo, el maestro debe, mediante su lenguaje, mejorar y enriquecer el de sus alumnos. Observe las orientaciones siguientes:

— Emplee oraciones cortas.
— Prefiera la palabra más sencilla a la más compleja.
— Escoja palabras más conocidas.
— Evite palabras innecesarias.
— Ponga acción en sus verbos.
— Escriba como usted habla.
— Emplee términos que sus alumnos puedan visualizar.

— Use variedad con abundancia.
— Escriba para expresar, no para impresionar.

6. Use un vocabulario apropiado a la buena comunicación

Muchos maestros no obtienen buenos resultados en su práctica docente por ser deficientes comunicadores. Una de esas carencias es la mala administración del vocabulario. Si, por una parte, hay maestros que emplean constantemente conceptos o términos que aun no existen en la experiencia de los alumnos, dificultando su aprendizaje, por otra, hay quienes no se preocupan por ampliar su vocabulario. Ambos casos son extremos negativos de la comunicación. En el primero, tenemos al maestro que emplea conceptos y términos desconocidos para los alumnos, sin la preocupación de aclararles el sentido o el significado. En el segundo, igualmente negativo, tenemos al maestro que, temiendo mostrar erudición, desprecia los términos nuevos o poco usados. Tratar de conciliar los dos procedimientos, es sin duda la mejor receta para una comunicación óptima. El maestro debe, siempre que sea necesario, emplear vocablos nuevos o desconocidos para enriquecer el vocabulario de los alumnos, sin ocultarles el significado y el sentido pleno de los mismos.

Un buen ejercicio es pedir a los alumnos que subrayen en la lección todas las palabras de las que no saben el significado. En seguida, relacione esos vocablos en la pizarra junto con su significado.

7. Al dar clases, observe la siguiente norma didáctica: explicación, demostración y aplicación

El *Manual de Escuela Bíblica Dominical*, en referencia a las leyes de la enseñanza, relaciona las verdaderas circunstancias que posibilitan el aprendizaje del alumno: el educando, por lo regular, aprende "cuando se siente motivado, cuando experimenta, necesita, ve hacer (por la demostración y el ejemplo) y también cuando se le da la oportunidad de actuar". De esa forma podemos concluir que el resultado del aprendizaje depende esencialmente de la integración maestro-alumno.

Suponiendo una vez más que la lección se basa en la Epístola de Santiago, proceda del modo siguiente:

Escriba en la pizarra, o en una cartulina, dos conocidos enfoques acerca de la fe y las obras expuestos en el Nuevo Testamento, es decir, la de Santiago presentada en su epístola, y la de Pablo expuesta principalmente en el capítulo 4 de su carta a los romanos.

Ahora pida a sus alumnos, aun empleando el recurso de la pizarra, que comparen y establezcan las diferencias y semejanzas entre ambas. Esta simple actividad ayudará a sus alumnos a insertarse en el proceso enseñanza-aprendizaje.

8. Dé oportunidad a los alumnos que gustan de hacer preguntas

El maestro debe valorar la participación de los alumnos en clase. Las preguntas, por ejemplo, deben ser siempre bienvenidas. El maestro puede provocar y hasta pedir la intervención de los alumnos, sea para demostrar que entendieron la materia, sea para demostrar que no entendieron. Además, se sabe que los alumnos "preguntones" son, muchas veces, los más activos e interesados en el estudio. Los que nada o poco preguntan son casi siempre los que, por menos curiosos o menos interesados, no sienten necesidad de aclarar nada. De cualquier modo, toda intervención, objeción o solicitud de esclarecimiento constituye una preciosa colaboración para el maestro. Siempre que el problema es propuesto por un alumno, la clase manifiesta mayor interés por la respuesta.

9. Cultive siempre el sentido de "novedad"

El maestro debe crear un ambiente de constante expectativa de lo "nuevo", de lo atrayente, de la curiosidad. El alumno quiere librarse del tedio y de la monotonía. Él desea entrar en actividad y mostrar que es talentoso y creador.

El contenido de las lecciones, por más enriquecedor y profundo que sea, no es suficiente, aun en función del poco espacio para desarrollarlo. Los alumnos siempre esperan que el maestro transmita a la clase informaciones complementarias.

El maestro que sencillamente reproduce, de forma rutinaria y aburrida el contenido del cuaderno, sin emprender el esfuerzo de la investigación, está irremediablemente predestinado al fracaso.

10. Domine el contenido de la lección

Por no dominar el contenido, muchos maestros llegan a ser intransigentes y miran con desagrado la mínima participación de la clase, o la interrupción de su clase. Temen en realidad que el alumno haga preguntas que no estén vinculadas directa o indirectamente a sus ideas preconcebidas o estructuras mentales preestablecidas. Esto indudablemente evidencia falta de preparación total y descuido de la práctica de enseñanza. Según enseña el educador cristiano John Milton Gregory: "El maestro debe conocer muy bien el tema que está enseñando. Un pobre dominio del contenido resulta en una enseñanza deficiente". La Palabra de Dios dice que quienes tienen el don de enseñar deben esmerarse en hacerlo (Romanos 12:7b).

IV. Diversifique sus procedimientos de enseñanza

1. Escoja los métodos apropiados

¿Cuál es el mejor método? Como se ha dicho en el capítulo anterior, ningún método es más eficaz que otro. Cada uno tiene su lugar y su propósito. Es probable que una combinación de dos o más métodos sea el mejor procedimiento, con tal de que estén ajustados a los objetivos específicos de cada clase.

2. Visualice sus clases

La visualización de palabras, conceptos e ideas son factores esenciales a la adquisición y, sobre todo, a la retención del aprendizaje. Muchas personas tienen dificultad en concebir estructuras mentales abstractas, y solamente logran comprender y fijar lo que se relaciona directamente con la realidad.

a) Ejemplo:
Supongamos que el tema de la lección sea: "Los siete pasos para la victoria sobre la tentación".

b) Procedimiento:
Escriba en una hoja de cartulina o en la pizarra los siete pasos para la victoria en la tentación. Primero haga un breve comentario sobre el tema. Después escoja a siete alumnos de su clase y pídales que expliquen el significado de cada paso. Usted podrá, en este momento, complementar el tema a partir de la respuesta de ellos. Procure valorarlos informándoles de la importancia de estar cooperando. Esta interacción maestro-alumno despertará interés en toda la clase.

3. Recapitule las clases anteriores

Recapitular las lecciones es sumamente importante para garantizar la concatenación y el nivel de retención de los contenidos de la enseñanza. Mediante esta acción docente, el maestro establecerá "eslabones" para garantizar la integración de las partes (cada lección) con el todo. Cuando se recapitulan los puntos importantes, se refuerza el aprendizaje de conceptos clave. Este procedimiento puede hacerse, tanto al final de cada clase, como al terminar cada trimestre.

a) Recapitular implica tres tiempos:
Explica lo que va a estudiarse; reafirma lo que se está enseñando y repasa lo que se señó.

b) ¿Cuándo recapitular?
Según el educador cristiano norteamericano Bill Keyes, la recapitulación puede hacerse en cuatro fases de la clase: Al comienzo de la clase, después de cada punto importante, al final de la lección o al terminar una serie de lecciones sobre un mismo tema.

- Al comienzo de la clase
  Las primeras palabras al comienzo de la lección pueden ser una especie de recapitulación. Comience con algo que sea conocido... la lección del domingo anterior. Hay maestros que prefieren atribuir a la clase el deber de, al comienzo de cada clase, presentar una breve recapitulación oral de las ideas esenciales de la última lección realizada. Funciona de la manera siguiente: dos o más alumnos, que se presentarán voluntariamente o

indicados por el maestro, harán cada domingo, en los cinco minutos iniciales de la clase, un resumen del contenido de la clase anterior. Ese resumen debe evidenciar por lo menos tres cosas importantes:

—que los alumnos están conscientes de la unidad de enseñanza en desarrollo;
—que perciben los objetivos y la concatenación de los temas;
—que distinguen en ellos lo esencial del detalle ocasional o ilustrativo.

- Recapitule cada punto importante después de su exposición
  Si los pensamientos están en el orden acertado y siguen la lógica, los alumnos deben conseguir entender la idea del punto A, antes que el maestro pase al punto B.

- Al final de la lección
  El alumno tiene que ver todo el tema de una sola vez — comprender la idea central o concepto principal de la lección. Por eso el maestro debe hacer una breve pero completa recapitulación de los puntos principales, mostrando cómo ellos se relacionan con el tema central de la lección.

- Al terminar una serie de lecciones sobre un mismo tema
  De modo general, las lecciones se basan en grandes temas bíblicos. El maestro debe recapitular lecciones anteriores para relacionar las verdades enseñadas en

el pasado con las que los alumnos están aprendiendo en el presente.

c) Procedimiento:

Haga un cuestionario que tenga trece preguntas que abarquen el contenido de cada lección del trimestre. Escriba en tiras de papel o cartulina frases cortas sobre los principales temas abordados. Acto seguido, distribuya los papeles entre los alumnos y pídales que hagan comentarios. Al final de la clase reúna todas las informaciones recibidas y haga una síntesis.

4. Ilustre sus clases

Durante las clases haga ilustraciones con hechos e ideas que conozcan los alumnos. Las ilustraciones deben ser más claras que la verdad descrita. Deben interesar al alumno, estar relacionadas con su experiencia y rigurosamente relacionadas con la lección. Evite las que puedan sugerir malas ideas. Procure ilustrar sus clases utilizando las fuentes siguientes:

a) Pequeñas historias o ilustraciones escritas.

Hay libros que ilustran diversos temas; y otros que citan lo que alguien dijo respecto a determinado tema. Las enciclopedias son excelentes fuentes de ilustraciones.

b) Ilustre con ejemplo.

Ejemplificar debidamente es de fundamental importancia en la enseñanza, porque mediante el ejemplo se pueden presentar las ideas y pensamientos claros, significativos y bien estructurados. Si estamos discutiendo con alguien, cuando los conceptos y las ideas en cuestión no están muy claros, el empleo de ejemplos posibilitará mayor claridad y más entendimiento.

c) Recortes de periódicos y revistas.
El maestro debe estar atento a cualquier cosa de su vida diaria que sirva de ilustración para su clase.

d) Himnos.
Aunque no se pueda cantar el himno en clase, su letra podrá ilustrar lo que el maestro quiere decir.

e) Testimonio personal.
Ese tipo de ilustración no debe usarse excesivamente. El maestro debe tener cuidado para no apartarse del contenido esencial de la lección.

Usted también puede ilustrar sus clases aprovechándose de: carteles, gráficos, dibujos, figuras, grabados, objetos, mapas bíblicos, etc.

V. Incentive a sus alumnos a estudiar la lección en casa

¿Están sus alumnos conscientes de la importancia de prepararse para las escuelas dominicales? ¿Saben que tienen que estudiar las lecciones por anticipado?

Hay alumnos que sólo tienen contacto con la lección en los últimos minutos antes del comienzo de la clase o aun durante la clase. Incentive a sus alumnos a estudiar las lecciones durante la semana, a fin de conocer el contenido y estar aptos para participar activamente de las clases, formulando preguntas de interés de toda la clase. Si todos están al tanto del tema y el propósito de las lecciones, las clases serán más dinámicas e interesantes.

1. Estimule en sus alumnos el hábito de estudiar

Es posible que algunos de sus alumnos encuentren dificultades en el estudio de la Biblia por no tener el hábito de estudiar.

Hay aquellos que nunca fueron incentivados o ni siquiera tuvieron oportunidad de estudiar antes de conocer el evangelio de Cristo. Es importante que aprendan a estudiar. A veces estudiamos mucho y retenemos poco o nada. Esto en parte ocurre por el hecho de que estudiamos sin orden ni método.

a) ¿Cuál es el objetivo del estudio?

El estudio trata de llevar al alumno a alcanzar comprensión, obtener informes o lograr eficiencia en una habilidad, referentes a un hecho. Puede decirse también que el estudio es una actividad mental provocada por una situación problemática, de naturaleza variada, que el alumno se propone resolver, superar, dominar.

b) ¿Qué es estudiar?

Estudiar consiste en el proceso de concentrar toda la atención en un hecho, asunto u objeto, con el fin de aprender la esencia, funcionalidad, utilización, relaciones de causa y consecuencias. Estudiar exige del alumno las siguientes aptitudes intelectuales: aprender a ver, oír, redactar, leer, memorizar y razonar. Deles las siguientes orientaciones:

- Ore al Señor dándole gracias y suplicando su dirección e iluminación.
- Tenga a mano todo el material de estudio: Biblia, cuaderno, diccionario bíblico, atlas geográfico, concordancia, cuaderno de apuntes, etc.
- Lea toda la unidad o sección indicada por el maestro.
- Procure tener una visión global de la misma y del propósito del escritor.
- Lea otra vez la misma unidad. A medida que vaya estudiando, subraye palabras, frases y pasajes clave.

- Haga anotaciones en los márgenes del cuaderno.
- Cierre el cuaderno y trate de recordar las divisiones principales de la unidad de estudio. Si no lo logra, abra el cuaderno y vea.
- Repita el paso anterior.
- Sin consultar el cuaderno, responda todas las preguntas del cuestionario. En seguida consulte la materia para ver si las respuestas están completas y correctas.

2. Estimule a sus alumnos a que estudien mediante esquemas

El esquema facilita la asimilación del contenido y estimula la capacidad de síntesis, permitiendo al alumno comprender y reflexionar ampliamente acerca del texto.

a) Ejemplo:

Supongamos que el estudio tenga por base la Epístola a los Efesios.

b) Procedimiento:

Pida a sus alumnos que lean en casa los seis capítulos de la epístola a los efesios y preparen para la próxima clase un bosquejo, diferente de lo propuesto por la revista de la Escuela Dominical. Obsérvese bien: Ellos deben saber que este bosquejo, tendrá que expresar en esencia el tema principal de la epístola. Observe el ejemplo:

    I. La naturaleza gloriosa de la salvación (1:1-23).
    II. La unidad de todos los que creen en Cristo (2:1-22).
    III. El ministerio del amor de Cristo (3:1-21).
    IV. La naturaleza de la vida cristiana (4:1–6:24).

3. Estimule a sus alumnos a estudiar comparando los textos

El estudio correlativo de las Escrituras es excelente para desarrollar la capacidad de análisis y síntesis de sus alumnos. O sea, ellos tendrán condiciones de razonar con independencia y empleando la lógica. Esta autonomía les permitirá ejecutar tareas importantes en el proceso enseñanza-aprendizaje.

a) Ejemplo:
En el Nuevo Testamento encontramos tres listas de dones. Proponga al grupo como ejercicio la comparación de estas tres listas. Proceda del modo siguiente:

Divida la clase en tres grupos: El primero tendrá la responsabilidad de enumerar los dones mencionados en Efesios 4. El segundo se ocupará de la relación de Romanos 12, y el tercero, la de 1 Corintios 12. Deben compararse las listas y anotarse las semejanzas y diferencias. Para esta actividad utilice la pizarra. Divida el espacio de la pizarra en tres partes. Cada grupo debe usar el espacio que se le ha asignado. Es interesante que haya participación de toda la clase.

4. Estimule a sus alumnos a hacer anotaciones durante las clases

Gran parte del contenido enseñado en clase se olvida poco tiempo después. El único modo de asegurarles a los alumnos un mejor aprovechamiento es crear en ellos el hábito de hacer anotaciones durante las clases. A continuación hay algunas normas prácticas:

- Anotar durante las clases los elementos fundamentales, de forma resumida, sin la preocupación de mencionarlo todo, pero sí lo que sea esencial y con el cuidado de no perder el "hilo del asunto". En caso de dudas, pregunte de inmediato. Y si eso no fuera posible en el momento, anotar las mismas a fin de pedir aclaraciones en la primera oportunidad. Es preferible aclarar una duda de inmediato que guardarla y dejarla crecer con otras que inevitablemente vendrán.

- El maestro, sobre todo en las clases expositivas, debe orientar la toma de notas. Y en cualquier otro tipo de clase, el maestro siempre debe advertir lo que de fundamental se esté tratando y que vale la pena anotar.

Conclusión

Nuestros alumnos necesitan saber que son productivos y pueden contar sus ideas y experiencias. Esas experiencias, consideradas de contenido dinámico, pueden hasta influir positivamente en la perfección de otras personas. Esto porque, por lo general, el alumno aprende cuando sus necesidades son satisfechas o cuando el objeto de estudio tiene significado personal para él. De lo contrario, si asiste a clase, será sencillamente para cumplir un protocolo eclesiástico. O, quien sabe, para tener algo bueno en que ocupar las mañanas del domingo.

¿Siente usted el llamamiento de Dios para esa obra? ¿Reconoce la importancia de su tarea? ¿Se esfuerza por seguir el ejemplo de Jesús, el Maestro de los maestros? Ser maestro no es lo mismo que sencillamente ocupar un cargo.

Preguntas para reflexión

1. ¿Conoce usted a sus alumnos individualmente? ¿Conoce sus dificultades y sus posibilidades?

2. En resumen, ¿en qué consiste la enseñanza dinámica y productiva? ¿Qué hacer para emprenderla?

3. ¿Siempre ilustra usted sus clases? ¿Qué recursos emplea?

4. ¿Qué métodos de enseñanza acostumbra combinar a fin de hacer más atrayentes sus clases?

5. ¿Tienen sus alumnos el hábito de estudiar las lecciones en casa? ¿Los anima usted en ese sentido?

8 Capítulo
Cómo planear la enseñanza

Resumen

Introducción

I. ¿En qué consiste el planeamiento de enseñanza?
II. Etapas del planeamiento
III. Cómo formular un plan de clase

Conclusión
Preguntas para reflexión

Objetivos del Capítulo

✓ *Presentar al maestro en el ejercicio del planeamiento didáctico teniendo en cuenta la realidad de la enseñanza en la iglesia.*

✓ *Incentivar al maestro a que planee sus clases teniendo en cuenta alcanzar mejores resultados en su práctica docente.*

CAPÍTULO 8

Cómo planear la enseñanza

> "Los dos grandes males que debilitan la enseñanza y limitan su rendimiento son: la rutina, sin inspiración ni objetivo y la improvisación disgregadora, confusa y sin orden. El mejor remedio contra esos dos grandes males es el planeamiento."
>
> *Luiz Alves de Mattos*

Introducción

Alguien ha dicho que "Prever es la mejor garantía para dirigir bien el curso futuro de los acontecimientos"; "El plan de acción es el instrumento más eficaz para el éxito de una empresa." "Prever es actuar". Es el primer paso obligatorio de toda acción constructiva e inteligente. Por el planeamiento, el hombre evita ser vencido por las circunstancias, y aprende a aprovechar las nuevas oportunidades. El planeamiento es imprescindible en cualquier actividad humana, especialmente en lo que se refiere a la educación. En este campo, se concretiza en un plan de acción que constituye un derrotero seguro para conducir progresivamente a los alumnos a los resultados deseados.

I. ¿En qué consiste el planeamiento de enseñanza?

Con relación a la enseñanza, planear significa prever de modo inteligente y bien calculado todas las etapas del trabajo escolar y programar racionalmente todas las actividades, de modo seguro, económico y eficiente. En otras palabras, planeamiento es la aplicación de la investigación científica a la realidad educativa, a fin de mejorar la eficiencia del trabajo de enseñanza.

1. Características de un buen planeamiento

a) Unidad.

En el planeamiento, es fundamental hacer converger todas las actividades para la conquista de los objetivos buscados; ellos son la garantía de unidad de la acción docente.

b) Continuidad.

Sin planear, el maestro corre el riesgo de perder el hilo, dispersándose y valorando puntos secundarios en detrimento de puntos prioritarios de la materia. El maestro tiene que prever todas las etapas del trabajo en cuestión, desde la inicial hasta la final.

c) Flexibilidad.

Si durante la ejecución del planeamiento, el maestro percibe la imposibilidad de cumplirlo debido a un imprevisto cualquiera, podrá alterarlo sin problema, con tal de que no se distancie de los principales objetivos. El plan, aun en marcha, puede modificarse o readaptarse sin que se quiebre su unidad y continuidad.

d) Objetividad y realismo.

El plan debe ser objetivo y basarse en las condiciones reales e inmediatas de local, tiempo, recursos, capacidad y preparación de sus alumnos. ¿De qué vale planear la utilización de recursos didácticos de alta tecnología si en su Escuela Dominical no hay posibilidad siquiera de tener una pizarra? Si ese fuera el caso, el planeamiento, basado en algo irreal, sólo causará frustración.

e) Precisión y claridad.

Es necesario esmerarse en los enunciados del planeamiento. El estilo debe ser sobrio, claro, preciso, con indicaciones bien exactas y sugerencias muy concretas para el trabajo a realizarse. Un planeamiento con enunciados mal elaborados, podrá dificultar la toma de decisión.

II. Etapas del planeamiento

1. Conocimiento de la realidad

Para planear debidamente la tarea de enseñanza y atender a las necesidades del alumno, es necesario ante todo saber para quién se va a planear. Por lo tanto, conocer al alumno y su ambiente es la primera etapa del proceso de planeamiento. Es necesario saber cuáles son sus aspiraciones, frustraciones, necesidades y posibilidades. A este trabajo se le conoce como sondeo, es decir, una recopilación de datos importantes para un perfecto diagnóstico. Una vez realizado el sondeo y el diagnóstico, debe el maestro estudiar cuidadosamente todas las informaciones reunidas a fin de formular con seguridad su estrategia de trabajo.

Sin el sondeo y el diagnóstico se corre el riesgo de proponer lo que es imposible, o lo que no interesa, o incluso lo que se ha alcanzado. He aquí algunas preguntas útiles al planeamiento de un curso para nuevos convertidos: ¿Dónde vive usted? ¿Con quién vive? ¿Cómo se relaciona con la comunidad? ¿Cuál era su religión antes de aceptar a Cristo como Salvador? ¿Es la primera vez que usted se decide a entregarse al Señor? ¿Ha sido miembro de alguna iglesia evangélica antes? Muchas otras informaciones podrán recopilarse: historia familiar, nivel socioeconómico, cultura, valores étnicos, aptitudes, necesidades personales, limitaciones físicas, etc. Observe el esquema que aparece a continuación.

> Sondeo —>Datos recopilados —>Diagnóstico = Conocimiento de la realidad —>Estrategia de trabajo

2. Elaboración del plan

A partir de los datos proporcionados por el sondeo e interpretados por el diagnóstico, estamos en condiciones de establecer lo que es posible alcanzar, cómo hacer para alcanzar lo que juzgamos posible y cómo evaluar los resultados. Podrá elaborarse el planeamiento a partir de los pasos siguientes:

a) Determinación de los objetivos.
b) Selección y organización de los contenidos.
c) Selección y organización de los procedimientos de enseñanza.
d) Selección de recursos.
e) Selección de procedimientos de evaluación.
f) Estructuración del plan de enseñanza.

3. Ejecución del plan

Al elaborar un planeamiento, anticipamos, de forma organizada, todas las etapas del trabajo de enseñanza. La ejecución del plan consiste en el desarrollo de las actividades previstas. En la ejecución, siempre habrá el elemento no plenamente previsto. A veces, la reacción de los alumnos o las circunstancias del ambiente exigirán adaptaciones y alteraciones en el plan. Esto es normal y no invalida el planeamiento, ya que, como hemos dicho, una de las características de un buen planeamiento es la flexibilidad.

4. Evaluación y perfeccionamiento del plan

Al ejecutar lo que se planeó, el maestro tiene que evaluar el propio plan con vistas al planeamiento. En esta fase, la evaluación adquiere un sentido diferente de comprobación de la enseñanza-aprendizaje y un significado más amplio. Eso porque, además de medir los resultados de la enseñanza-aprendizaje, procuramos evaluar la calidad de nuestro plan, nuestra eficiencia como maestros y la eficacia del plan de estudios.

Hay varios tipos de planeamiento: el educativo, más amplio, forma parte de los cometidos del gobierno; el plan de estudios es responsabilidad de las instituciones de enseñanza; los de enseñanza, unidad y clase, son de la competencia de cada maestro. Para el fin que deseamos, mencionaremos sólo, y de forma sucinta, el planeamiento de clase.

III. Cómo formular un plan de clase

1. ¿Qué es un plan de clase?

El plan de clase es un instrumento de trabajo que especifica la conducta esperada del alumno, así como los contenidos, los recursos didácticos y los procedimientos que se emplearán para su realización. El plan de clase trata de sistematizar todas las actividades que se desarrollan en el período de tiempo en que el maestro y el alumno interactúan, en una dinámica de enseñanza-aprendizaje.

2. La importancia del plan de clase

Es para aterrarse lo que oímos "tras bastidores" de la educación cristiana cuando el tema es planeamiento: "¿Qué? ¿Planear clases? ¡No, hombre, no! Es sólo leer la lección y reproducir el comentario con otras palabras." Esta es la descripción del renombrado y nocivo facilismo. Para algunos maestros, el plan de clase consiste en observar tres etapas: introducción, desarrollo y conclusión. Lamentablemente, para otros, esto no tiene importancia alguna. Como se acostumbra decir, sus clases no tienen "pie ni cabeza". A estos casi siempre los sorprende la advertencia del superintendente a las clases: "Faltan cinco minutos para que termine la lección". Solamente les queda quejarse con aire de grandeza: "¡Ahora que estaba terminando la introducción!" Esto por lo general ocurre debido a que muchos maestros ignoran la importancia y el propósito del plan de clase. Un buen plan de clase fomenta la eficiencia de la enseñanza, economiza tiempo y energía, contribuye a la realización de los objetivos buscados y, por encima de todo, evita la corroedora rutina y la improvisación.

3. Antes de planear su clase, el maestro debe reflexionar sobre las preguntas siguientes:

a) ¿Qué trato de alcanzar?
¿Cuáles son mis objetivos para esta clase específica? ¿Qué tipo de conducta espero observar en mis alumnos después de esta

clase? ¿Acaso después de la clase tendrán capacidad para escribir, disertar, responder, debatir?

b) ¿Cómo alcanzar?

¿Qué estrategia de trabajo emplearé para alcanzar mis objetivos? ¿Cuáles son los métodos más apropiados?

c) ¿En cuánto tiempo?

¿En qué plazo ejecutaré las diversas fases del trabajo lectivo? ¿Cuánto tiempo invertiré en la introducción de la clase? ¿Y en el desarrollo? ¿Y en la conclusión?

d) ¿Qué hacer y cómo hacerlo?

¿Cuál es la mejor manera de presentar esta clase? ¿Cómo puedo transmitir el contenido de esta lección de manera atrayente e interesante? ¿Qué tipo de aplicación sería más eficaz en esta clase? ¿Cómo concluir esa lección eficazmente hasta el punto de despertar en mi alumno el deseo de volver a la clase el domingo siguiente? ¿Qué procedimientos debo emplear? ¿De qué recursos debo disponer?

e) ¿Cómo evaluar lo que se alcanzó?

¿Qué instrumentos utilizaré para evaluar? ¿En qué período del proceso de enseñanza debo evaluar? ¿Al principio? ¿En el medio? ¿Al final? ¿O en todos los niveles?

4. Después de reflexionar sobre las preguntas anteriores, tiene el maestro que dar los pasos siguientes:

a) Identificar el tema de la clase.

El primer paso es indicar el tema central de la clase.

Tema de la clase: "La biblioteca Divina" – Textos clave: Salmo 119:103,105; 1 Pedro 2:2.

b) *Establecer los objetivos.*

Subrayando lo que se dijo antes, al planear, el maestro debe tener en cuenta los objetivos de su trabajo, es decir, saber para qué está planeando. Ejemplo: Después de esta clase, sus alumnos deben estar aptos para:

- Identificar las principales divisiones de la Biblia.
- Distinguir los libros del Antiguo y Nuevo Testamentos.
- Clasificar los libros del Antiguo y Nuevo Testamentos.

c) *Indicar el contenido de la materia de enseñanza.*

Indique los contenidos que serán objeto de estudio. ¿Qué representa este contenido? La materia de enseñanza incluye esencialmente un conjunto estructurado de conocimientos dispuestos con el objetivo de dar al alumno oportunidad de adquirir un caudal de informaciones, y de saber usar funcionalmente el conocimiento, desarrollando apropiados modos de pensarlo y de aplicarlo en situaciones nuevas. Según el educador Horbert Wiener, no es la cantidad de información emitida la que es importante para la acción, "sino más bien la calidad y cantidad de información capaz de penetrar lo suficiente en un dispositivo de almacenamiento y comunicación, de modo que sirva de gatillo para la acción."

Con relación a la enseñanza en la Escuela Dominical, los contenidos didácticos son partes integrantes de los comentarios de las revistas de cada edad.

¿Cómo debe presentarse el contenido en el plan? El contenido debe presentarse en forma de esquemas que faciliten su desarrollo, ya que el plan no debe tener textos extensos que lea el maestro durante la clase. El maestro no debe contentarse con los esquemas presentados en las revistas didácticas, sino que a partir de ellos, formular otro más rico y más completo, basado en sus propias investigaciones.

Los datos esenciales del contenido deben distribuirse en el plan de forma ordenada, resaltando su concatenación y subordinación.

En la formulación de un plan de clase debe el maestro buscar la mejor manera de transmitir el conocimiento al alumno, ya que el contenido de la materia de enseñanza y el proceso de aprendizaje están estrechamente relacionados.

Ejemplo de contenido de una lección bíblica:

I. Las divisiones de la Biblia
   1. Los dos Testamentos
   2. Los libros divididos en secciones

II. Los libros del Antiguo Testamento
   1. Cómo está dividido el Antiguo Testamento
     a) El Pentateuco
     b) Libros históricos
     c) Libros poéticos
     d) Libros proféticos

III. Los libros del Nuevo Testamento
   1. Cómo está dividido el Nuevo Testamento
     a) Biografía

b) Historia
c) Doctrinas
d) Profecía

d) Establecer los procedimientos de enseñanza.

Hay que establecer las formas de utilizar el contenido seleccionado para alcanzar los objetivos propuestos. ¿Será su clase solamente expositiva o tiene que emplear otros métodos?

e) Escoger los recursos didácticos.

¿De qué forma sus alumnos serán estimulados al aprendizaje? ¿Empleará recursos humanos o materiales? ¿De qué recursos dispone su Escuela Dominical? ¿Pizarra? ¿Retroproyector? ¿Álbum seriado? ¿Franelógrafo? ¿Gráficos? ¿Mapas? ¿En qué momento de la clase intenta emplear cada recurso previsto?

f) Escoger el instrumento de evaluación.

Por último, el planeamiento de la clase debe prever cómo se hará la evaluación. No es conveniente proporcionarle al alumno sólo preguntas que evalúen si memorizó o no algunos conceptos o definiciones. Por ejemplo: "¿Cuáles son los libros históricos de la Biblia?" Lo ideal es que los alumnos manifiesten conductas que muestren claramente su aprendizaje.

Ejemplo:

- Pida al alumno que localice en su Biblia uno de los libros históricos.
- Relacione en la pizarra varios libros de la Biblia y pida al alumno que identifique los que pertenecen al Pentateuco.

Capítulo VIII

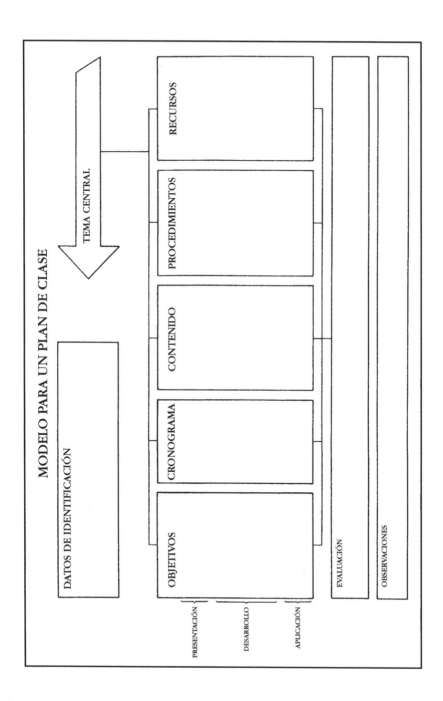

Conclusión

Como podemos observar, al formular el plan de clase, debe el maestro programar todas sus actividades, es decir, ordenarlas y disponerlas en etapas sucesivas y bien calculadas.

El plan de clase racionaliza las actividades del maestro y del alumno, posibilitando mejores resultados y mayor productividad de la enseñanza.

Preguntas para reflexión

1. ¿Acostumbra planear sus clases?

2. ¿Qué importancia tiene el sondeo en el planeamiento de enseñanza?

3. ¿Al planear su clase acostumbra tomar en cuenta los posibles contratiempos o dificultades? ¿Con qué margen de seguridad planea usted?

4. ¿Qué ha hecho usted con el propósito de librarse de la rutina y de la improvisación?

5. ¿Qué debe hacer usted si su plan de clase no funciona satisfactoriamente?

9 CAPÍTULO
Cómo incentivar el aprendizaje

Resumen

Introducción

I. ¿Qué significa aprender?
II. Etapas del proceso de aprendizaje
III. Esfuerzos intelectuales
IV. Motivar e incentivar
V. La importancia de incentivar
VI. Técnicas didácticas para incentivar

Conclusión
Preguntas para reflexión

Objetivos del Capítulo

✓ *Mencionar las principales técnicas incentivadoras del aprendizaje.*

✓ *Establecer las diferencias entre motivar e incentivar.*

Capítulo 9

Cómo incentivar el aprendizaje

> "El aprendizaje se realiza a través de la conducta activa del alumno, que aprende mediante lo que él hace y no mediante lo que hace el maestro."
>
> *Ralph W. Tyler*

Introducción

¿Qué es incentivar? Incentivar, en un sentido amplio, es lo mismo que incitar. Es estimular con el objetivo de llevar a alguien a actuar en determinada dirección. En la práctica docente, decimos que se incentiva al alumno cuando el maestro establece condiciones que le despiertan el deseo de aprender. Sin embargo, la existencia de tales condiciones no garantiza su eficiencia. Sólo cuando hay correspondencia entre los incentivos del maestro y los motivos del alumno es que se puede afirmar la eficacia de los incentivos. En otras palabras, nuestros esfuerzos, en el sentido de incentivar al alumno, tendrán poco valor si no se transforman en motivación. Antes de adentrarnos en este importante tema debemos conocer claramente el significado del término aprender.

I. ¿Qué significa aprender?

Según el diccionario, aprender significa sencillamente retener en la memoria el estudio, la observación o la experiencia adquirida en cualquier esfera del conocimiento humano. Sin embargo, debido a su complejidad, el concepto de aprender viene evolucionando, a lo largo de los años, según consideran muchos educadores.

1. La evolución de los conceptos de aprender

Hasta principios del siglo XVI, para la mayoría de las personas, aprender significaba sencillamente memorizar. Los maestros exigían que sus alumnos aprendieran de memoria sus lecciones e hicieran los ejercicios sin cuestionamiento alguno. Esto los hacía pasivos, dependientes e ineptos, ya que la memorización de textos y palabras no prepara a nadie para la realidad de la vida y sus complejos problemas. Tampoco desarrolla la inteligencia ni agudiza el discernimiento y la capacidad de reflexión. Al contrario, la simple memorización ha formado alumnos repetidores, que sólo reproducen de forma automática todo lo que oyen a través de esquemas mentales rígidos e irreversibles.

A partir del siglo XVII, con la divulgación del trabajo de Comenius, el padre de la didáctica moderna, hubo un gran progreso en el concepto de aprender. En detrimento de la simple memorización, comenzó a considerarse el aprendizaje bajo tres etapas: comprensión, memorización y aplicación. De esa forma la enseñanza comenzó a ser muy expositiva y explicativa.

Hoy se comprueba que la simple explicación verbal del maestro no es tan esencial e indispensable para que los alumnos aprendan. Ella sirve sólo para iniciar el aprendizaje, no para integrarlo y llevarlo a buen término. El hecho de que el maestro explique muy bien la materia no garantiza por sí solo el aprendizaje del alumno. Como subraya el profesor Luiz Alves de Mattos, el aprendizaje es un "proceso lento, gradual y complejo de interiorización y de asimilación, en el cual la actividad del alumno es factor decisivo. El aprendizaje no es de ningún modo un proceso pasivo de simple receptividad. Es, por el contrario, un proceso eminentemente operativo, en que la atención, el empeño y el esfuerzo del alumno representan papel central y decisivo." Mattos incluso aclara: "Los datos del conocimiento deben ser identificados, analizados, reelaborados e incorporados en su conformación mental, en estructuras definidas y bien coordinadas."

II. Etapas del proceso de aprendizaje

En todo aprendizaje sistemático, hay cuatro etapas bien definidas. Estas etapas no son estanques. No hay un momento preciso en el que podemos decir que termina una fase y comienza otra. Sin embargo, vamos a presentarlas separadamente con el propósito de estudio.

1. Sincretismo inicial

Al principio el alumno recibe los nuevos conocimientos como nociones vagas, confusas y erróneas. No logra concebir y distinguir claramente los conceptos nuevos, por ejemplo.

2. Focalización analítica

Más adelante pasa a una fase en que cada parte del todo es, a su vez, examinada, identificada en sus pormenores y en sus particularidades. Esta fase también se conoce como "diferenciación".

3. Síntesis integradora

Los pormenores se estructuran integrándose en un todo coherente de significados, de comprensiones o de aptitudes. También llamada etapa de "integración" o "síntesis".

4. Consolidación o fijación

Por ejercicios y repasos reiterativos, lo que se aprendió analítica y sintéticamente se refuerza o fija, de modo que se vuelva una adquisición integrada en esquemas mentales bien estructurados.

Debemos tener en cuenta que esas etapas del aprendizaje son relativas. Los alumnos no son productos que sigan un patrón. Ellos no reaccionan siempre de la misma manera y con el mismo ritmo. Hay entre ellos características individuales en cuanto a su capacidad de percepción, comprensión, dominio, aptitudes, intereses, preferencias, sensibilidad, etc.

Enseñar de forma auténtica significa: identificar las diferencias individuales, explorar la potencialidad de los alumnos, suplir sus deficiencias y enmarcarlas en un plan progresivo, dinámico y eficaz de aprendizaje.

Por lo tanto, aprender no es memorizar mecánicamente lo que se lee en los libros, compendios y revistas didácticas. Tampoco es sencillamente memorizar las explicaciones del maestro, tratando de asimilar sus conocimientos. Aprender presupone cambio de conducta. Y ese cambio propicia alteraciones en la manera de pensar (aprendizaje cognoscitivo – nuevas ideas), de sentir (aprendizaje afectivo – nuevas actitudes) y de actuar (aprendizaje psicomotor – nuevas habilidades).

III. Esfuerzos intelectuales

La esencia del aprender está en la actividad mental intensiva. Hay determinados esfuerzos intelectuales que evidencian el aprendizaje. El maestro debe asumir la responsabilidad de acompañar el desarrollo de sus alumnos. He aquí algunas operaciones y sus significados:

1. Comparar

Establecer semejanzas y diferencias.

2. Contrastar

Contraponer a fin de resaltar las diferencias.

3. Criticar

Formular una opinión sobre el mérito de teorías u opiniones acerca de la verdad de los hechos y fundamentar la opinión mediante un análisis de las pruebas.

4. Definir

Fijar el significado exacto de una palabra o frase. Mostrar las distinciones implicadas en la definición.

5. Describir

Dar una relación detallada o gráfica.

6. Discutir

Investigar o examinar mediante argumentos, investigaciones y debates, presentando razones en favor y en contra.

7. Evaluar

Hacer una apreciación acerca del valor de alguna cosa, a la luz de su verdad o utilidad; y teniendo menos en cuenta la opinión personal.

8. Explicar

Hacer claro, interpretar y aclarar.

9. Ilustrar

Utilizar una figura o diagrama para explicar o aclarar, con el empleo de ejemplos concretos.

10. Interpretar

Exponer el significado de aclarar y explicar; por lo general, dar también una opinión personal.

11. Justificar

Mostrar las bases adecuadas para las decisiones o conclusiones.

12. Bosquejar

Trazar las líneas principales o principios generales de algo, omitiendo los pormenores menos significativos.

13. Relatar

Narrar.

14. Relacionar

Mostrar el vínculo de los elementos y hasta qué punto son semejantes o ejercen influencia unos sobre otros.

15. Analizar

Hacer un relato del tema desde el punto de vista crítico.

16. Enunciar

Presentar de forma breve y clara.

17. Resumir

Hacer una relación concisa de los puntos principales o de la esencia de algo, omitiendo pormenores y ejemplos.

18. Reconstituir

Seguir el desarrollo o la historia de un tema a partir de su origen.

IV. La importancia de incentivar

Antes de iniciar la lección, el maestro debe propiciar a los alumnos buenas razones para seguir asistiendo a las clases. Contar antes una historia interesante, una ilustración curiosa, una noticia de última hora o una experiencia vivenciada por él mismo, constituyen excelentes formas de incentivar al alumno.

Al escoger el elemento para incentivar, el maestro debe siempre tener en cuenta los intereses reales de sus alumnos. ¿Cuáles son las cosas que más les interesan? ¿De qué les gusta hablar?

A veces es bueno usar algún acontecimiento del momento como ilustración, y así relacionar la lección con acontecimientos y actividades que estén interesando a los alumnos en ese momento. Cualquiera que sea el elemento que usemos, debe conducir el pensamiento de manera lógica y fácil a la lección propiamente dicha, relacionando el tema con aspectos reales de la vida.

El relato de un acontecimiento, la lectura de un texto paralelo de la Biblia, citas de otros comentaristas, presentación de una lámina, objetos, etc. Estos son algunos de los diversos recursos de que el maestro puede disponer para darle vida a la enseñanza y facilitar el aprendizaje, mediante su aproximación a la realidad y a la actualidad.

V. Motivar e incentivar

Al tratarse de la situación enseñanza-aprendizaje no se debe afirmar que el maestro motiva al alumno. Incentivar y motivar son cosas relacionadas, pero no iguales. Incentivar implica algo de orden externo: parte de alguien, mientras que la motivación es de orden interno, pertenece a alguien. Aunque incentivar sólo sea eficaz si repercute en el alumno al punto de crear o dinamizar motivos, el maestro sólo puede incentivar el aprendizaje, es decir, proporcionar estímulos que despierten en el alumno uno o varios motivos. En otras palabras, el alumno puede estar motivado para el estudio a partir de incentivos del maestro.

Ejemplo: El maestro lleva al aula recortes de revistas y periódicos que tienen noticias de actualidad, con el objetivo de ilustrar o aclarar un hecho histórico de la Biblia en el cual el alumno está profundamente interesado.

1. La motivación y el incentivo son considerados intrínsecos y extrínsecos.

Veamos:

a) Motivación intrínseca.

Cuando el alumno está motivado a estudiar una materia por tener un interés real por ella.

Ejemplo: Pablo es un joven muy activo y con muchas responsabilidades. A pesar de sus muchas ocupaciones, ya que trabaja de día y estudia por la noche, siempre reserva un tiempo para el estudio de la Biblia y de las lecciones de la Escuela Dominical. Él tiene un llamamiento misionero y sabe que para cumplirlo debe dedicarse totalmente a las Escrituras. Además de eso, para él, estudiar la Biblia es un gran placer.

b) Motivación extrínseca.

Cuando quien aprende está estimulado por aspectos sólo relacionados con el estudio y no por el propio estudio.

Ejemplo: El hermano Pedro está en el 4º año del curso de Licenciatura en Teología. Está desesperado por terminar sus estudios, ya que al terminar ese curso asumirá un cargo importante en su iglesia.

c) Incentivo intrínseco.

Cuando se estimula al alumno a que estudie la materia por el valor que ella encierra.

Ejemplo: Los padres de Samuel le dieron un violín, y él, que hasta entonces no había pensado en tocar un instrumento, se matriculó de inmediato en una escuela de música y está muy entusiasmado con esa nueva actividad.

d) Incentivo extrínseco.
Cuando al alumno se le estimula con factores ajenos al aprendizaje en sí.

Ejemplo: Raquel no falta ni siquiera a una clase. En su clase ella recibe todos los premios por asistencia. La razón de tanta dedicación a la Escuela Dominical ya se conoce entre sus amigos: su madre le prometió que, si iba a la escuela todos los domingos, ganaría una nueva bicicleta al terminar el año.

VI. Fuentes para incentivar

Hay muchas fuentes para incentivar. Ellas representan elementos, factores o circunstancias que despiertan en el alumno actitudes favorables al aprendizaje. He aquí algunas:

1. Material didáctico

Los recursos audiovisuales, por ejemplo, son excelentes elementos incentivadores.

2. Necesidad de conocimiento

El deseo de conocer y la curiosidad son inherentes al ser humano.

3. La personalidad y la conducta del maestro

El modo de ser del maestro, su entusiasmo, simpatía, paciencia y comprensión pueden despertar el interés del alumno.

La conducta del maestro durante la clase también puede convertirse en una excelente forma de estímulo para que la clase no se vuelva monótona y se destaque la importancia del mensaje. Merecen atención en cuanto a eso:

a) Movimientos.

El maestro podrá, moviéndose debidamente, solicitar ciertos ajustes sensoriales de los alumnos, manteniéndolos atentos. Esos ajustes se logran cuando el maestro:

- Se mueve de un lado a otro del aula, posicionándose ya sea a la derecha o a la izquierda, así como al frente o detrás del grupo de alumnos.

- Se mueve ocasionalmente entre el grupo de alumnos o permanece en una posición muy cerca del alumno que está hablando.

b) Gestos.

El gesto vuelve más dinámica y expresiva la presentación del maestro para la clase. Movimientos sincronizados de manos, cabeza y cuerpo son importantes aspectos de la comunicación. El mensaje oral es más eficaz si se combina con gestos expresivos.

c) Foco.

- Focalizar verbalmente, diciendo por ejemplo: Observen este gráfico, mapa, etc.
- Focalizar con gestos, señalando siempre el objeto, o lo que trata de destacar más.
- Focalizar con la palabra y el gesto, es decir, hablando y al mismo tiempo señalando el objeto.

4. Actividad

El alumno, cuando se le lleva a hacer algo, puede volverse más interesado.

5. Aprobación social

El elogio sincero es una poderosa fuerza para incentivar.

VII. Técnicas didácticas para incentivar

Las técnicas incentivadoras relacionadas a continuación son las más empleadas en la enseñanza, según la educadora Irene Mello Carvalho.

1. Correlación con lo real

Se trata de comunicar a los alumnos la importancia de lo que se va a enseñar o de las tareas que se van a pedir, relacionando el tema o los trabajos con aspectos reales de la vida. (Técnica empleada al comienzo o en el medio de las actividades.)

Ejemplo: En determinada escuela un maestro enseñaba con mucho entusiasmo: "Abraham salió de Ur de los caldeos y fue a una tierra distante, obedeciendo la orden divina." De repente uno de sus alumnos le dijo: "Maestro, nunca había oído hablar de esa ciudad. ¿Todavía existe? ¿En qué continente está? ¿Cómo puedo localizarla en el mapa?" Nuestros alumnos sienten necesidad de saber qué hacer con las informaciones que les damos. Quieren que siempre relacionemos los contenidos de la enseñanza con el "aquí y ahora". En el mencionado caso, sería conveniente que el maestro aproveche como recursos un atlas geográfico común y otro bíblico. Para establecer la correlación con lo real, tiene el maestro que llevar a la clase todos los medios auxiliares que estén a su disposición: fotografías, láminas, mapas bíblicos, hacer visitas a museos, excursiones, etc.

2. Participación activa

Vale la pena recordar lo que dijimos en otros capítulos acerca de la participación de los alumnos en la clase. "Toda enseñanza debe ser dinámica y ningún aprendizaje puede dejar de ser activo, ya que sólo se efectúa por el esfuerzo de quien aprende, dado que nadie puede aprender en lugar de otro. El maestro debe pedir, ya sea al comienzo o en el transcurso de cualquier actividad, la opinión, la colaboración, la iniciativa, el trabajo del propio alumno." (Técnica empleada al comienzo o en medio de las actividades.)

3. Éxito inicial

El maestro debe facilitar, por todos los medios posibles, una perfecta comprensión de las ideas expuestas y debatidas, previendo y allanando las dificultades que los trabajos puedan presentar. Facilitando inicialmente la comprensión de los alumnos, el maestro estará propiciando un ambiente de interés, participación y solidaridad. El éxito inicial hace que los alumnos, entusiasmados con sus resultados, se dediquen cada vez más a los estudios. (Técnica empleada solamente al comienzo.)

4. La falta de éxito inicial

De carácter pasajero, dado que el maestro debe orientar al alumno para vencer las dificultades tan pronto sea posible. Es una técnica incentivadora valiosa cuando se trata de un tema al parecer fácil o que el alumno supone haber dominado suficientemente. El maestro debe presentar preguntas algo por encima de la capacidad actual de los alumnos, para hacer que sientan necesidad de estudiar el tema que consideran que conocen o piensan que dominan plenamente. (Técnica empleada solamente al comienzo de las actividades.)

5. Presentación de tareas

Pedir a los alumnos que cumplan determinadas tareas, tales como hacer una investigación, traer determinado objeto o realizar alguna actividad en casa con el propósito de utilizar los resultados de esas acciones en la próxima clase, son indudablemente, excelentes maneras de incentivar la clase.

6. Actividades socializadas o trabajo en grupo

Aquí la potencialidad incentivadora es consecuencia del proceso interactivo mental y social que sirve de base y es estimulante para la mayoría de las personas normales. Excepción: por problemática psicológica o por características de personalidad, algunos prefieren estudiar y producir a solas. (Técnica usada al final de las actividades.)

7. Competencia

Al alumno se le debe orientar en el sentido de desear su progreso individual con fundamento en la comparación de sus resultados actuales con su propio rendimiento anterior. En cuanto a la competencia individual, debe separarse del cuadro escolar por sus aspectos poco educativos. La competencia entre grupos se usará algunas veces, ya que tiene muchos aspectos positivos y algunos negativos. (Técnica empleada al final de las actividades.)

Observación: Todas las técnicas incentivadoras hasta ahora presentadas, se relacionan intrínsecamente con la materia a aprender o con el método empleado.

8. Interés por los resultados del aprendizaje

Interés por las notas o conceptos que han de garantizar la aprobación escolar.

9. Deseo de corresponder a la dedicación y al interés del maestro

Se apela a la sensibilidad del alumno, procurando establecer un fuerte lazo afectivo entre maestro y alumno, por la muestra del interés personal por aquel educando y por los problemas que están perjudicando el aprendizaje.

10. Incentivar de forma negativa

Sanciones, advertencias, notas bajas, desaprobado.

Conclusión

El maestro mantiene a sus alumnos motivados cuando logra asociar un buen conocimiento de la materia a una excelente preparación didáctica. Además de eso, es imprescindible para el maestro que quiere incentivar, saber escoger métodos didácticos apropiados a su clase y conjugarlos con óptimos recursos audiovisuales. Un maestro con esas cualidades no tiene que recurrir a trucos de animación a fin de mantener su clase atenta e interesada; sus alumnos sienten placer en asistir a sus clases. Ellos lo respetan y lo admiran. ¿De qué modo está usted incentivando a sus alumnos? ¿Acaso les agrada la manera en que usted presenta las clases?

Preguntas para reflexión

1. ¿De qué manera ha incentivado a sus alumnos?

2. ¿Ha observado si sus alumnos están creciendo en el conocimiento de la Palabra de Dios? ¿Qué tipo de conducta ha observado usted para asegurarse de eso?

3. ¿Cuál es la diferencia entre motivar e incentivar? ¿Puede usted motivar a alguien?

4. De las fuentes para incentivar mencionadas a continuación, ¿cuál es la que predomina en su práctica docente?

a) La propia materia de enseñanza.

b) El método empleado por el maestro.

c) Los modernos recursos audiovisuales.

d) La personalidad docente.

10 Capítulo
Cómo evaluar el aprendizaje

Resumen

Introducción

I. La importancia de la evaluación
II. Tipos de evaluación
III. Procedimientos de evaluación

Conclusión
Preguntas para reflexión

Objetivo del Capítulo

✓ *Orientar a los maestros en cuanto a la elección de instrumentos de evaluación eficaces.*

Capítulo 10

Cómo evaluar el aprendizaje

> "Mucha creatividad y mucha innovación significan riqueza en todos los sentidos. Mucha innovación y poca creatividad es la riqueza aprovechándose de la creatividad ajena. Mucha creatividad y poca innovación es la pobreza feliz con el hecho de que sus ideas las pongan otros en práctica. En fin, poca creatividad y poca innovación es el infortunio de la miseria."
>
> *Luiz Ludwing Waldez*

Introducción

"Cierto día, el rey de los hirsutos ordenó: '¡Tráiganme al mejor barbero! ¡Quiero cortarme el pelo y la barba! Así me rejuveneceré, seré diferente de los demás y ganaré fama, pudiendo hasta atraer turistas al reino.'

De inmediato, llamados los examinadores de mayor renombre, se formó la comisión de selección que reunió en un salón a centenares de candidatos atraídos por los heraldos reales.

'Reflexione sobre la importancia de la barbería en el mundo moderno' fue la primera pregunta de la prueba escrita, eliminatoria.

Juzgadas las respuestas, se excluyeron dos tercios de los candidatos. A los restantes se les dio la orden: 'Relate la historia del arte de afeitar.' Evaluadas sus disertaciones, se dejaron sólo diez barberos en el salón, los que recibieron la instrucción: 'Describa los instrumentos y procedimientos necesarios para cortar el cabello del rey.' Apreciadas las nuevas respuestas, se les pidió a los tres únicos clasificados que dibujaran seis tipos de cortes de barba y de cabello. Seleccionado, por fin, el mejor de todos, lo llevaron al rey, a quien pronto comenzó a pelar. Pero casi al final del trabajo el escogido torpemente cortó la oreja del rey.

—¡Ay!!! —gritaron en coro, aterrorizados, los examinadores.

—¡¿Ay?! —replicó el herido. —¿Les pido solamente un barbero, y me salen con un coro de ¡ayes!?

—Perdónenos, Majestad, no sabíamos dónde teníamos la cabeza cuando preparamos las preguntas de la prueba.

—¡Me han dado una excelente idea! —les respondió el rey, que de inmediato los mandó a decapitar". (Fábula adaptada de la obra de F. Mager.)

¿Qué errores cometieron aquellos "especialistas" de la casa real? ¿Qué había de irrelevante y sin propósito en las preguntas formuladas por ellos? Lo primero que notamos es que las preguntas propuestas por los examinadores, por ser característicamente subjetivas, jamás comprobarían si aquellos candidatos a barberos de veras estaban capacitados para la "difícil" tarea de cortar el cabello del rey. En este caso los conocimientos teóricos y preliminares sobre cortes de cabello en nada podrían ayudar en las cuestiones pragmáticas de la evaluación. La prueba debe ser esencialmente práctica. O sea, a fin de ser considerados aptos para cortar el cabello del rey los candidatos debían antes mostrar aptitud, cortando el cabello de otras personas.

Esta fábula ilustra perfectamente el tipo de evaluación utilizada por gran parte de los maestros de las instituciones públicas y privadas de enseñanza. Si la funcionalidad de los instrumentos de evaluación de ciertos maestros se juzgara con rigor, sin duda muchos maestros perderían su valiosa cabeza. La mayoría de ellos, incluso los del campo de la enseñanza cristiana, selecciona instrumentos de evaluación teniendo en cuenta solamente la reproducción automática del contenido, cuando el resultado del aprendizaje tiene que ser palpable, observable.

I. La importancia de la evaluación

¿Qué significa evaluar en términos educativos? ¿Qué debe observarse en el alumno para que lo consideremos apto en determinada esfera del conocimiento? En este sentido, evaluar significa hacer un juicio sobre los resultados, es decir, comparar lo que se realizó con lo que se pretendía alcanzar. Si esa comparación se hace según la formulación inicial de objetivos que describen las modificaciones previstas en la conducta del alumno, las dificultades por lo regular asociadas a la evaluación del aprendizaje tienden a disminuir.

¿Qué resultados puede el maestro esperar de una evaluación? ¿Qué tipo de conducta tiene que manifestar el alumno? El alumno, para ser considerado apto, debe actuar, hacer, ejecutar, expresar, manifestar un cambio de actitud y de conducta. Sólo mediante esas manifestaciones del alumno puede el maestro reprogramar sus actividades procurando el perfeccionamiento del trabajo docente. Según lo que enseña el pastor Antonio Gilberto en el *Manual de Escuela Bíblica Dominical*, "una evaluación periódica permite a los que enseñan y dirigen comparar el estado real de la escuela; lo que se hizo y lo que dejó de hacerse, o necesita introducirse o suprimirse." También, según él, "la evaluación revela las nuevas determinaciones que deben tomarse." Evaluar el aprendizaje es sumamente importante, pero es necesario que la evaluación le brinde al maestro medios seguros de medir el aprovechamiento del alumno. Para el educador Stuart S. Cook, la evaluación ayuda al maestro a "determinar el progreso individual de los alumnos con relación a las metas de enseñanza. Informaciones acerca de los alumnos se emplean para la toma de decisiones en cuanto a estrategias educativas y administrativas. Sin las informaciones que vienen de las pruebas, muchas decisiones que los educadores toman estarían sujetas a graves errores."

II. Tipos de evaluación

¿Cuándo debe evaluar el maestro? ¿Al principio, durante o al final del proceso de enseñanza-aprendizaje?

1. Evaluación previa

La evaluación hecha antes de la exposición de la materia se le llama evaluación previa o diagnóstica. Tiene por objetivo comprobar lo que la clase no sabe o hasta qué punto conoce la materia. Esta forma de evaluación, además de utilizarse como fuente de incentivos para los alumnos, sirve también como introducción a fin de prepararlos para que reciban enseñanza más completa. Si no hay una verificación anticipada, el maestro correrá el riesgo de pasar contenidos ya asimilados por los alumnos, desperdiciando así mucho tiempo que podría emplear en la adquisición de conocimientos nuevos o más complejos. Pocos maestros emplean este tipo de evaluación. La gran mayoría evalúa durante o al final del proceso.

2. Evaluación formativa

La evaluación formativa es la que ocurre durante el proceso de enseñanza-aprendizaje. Se trata de exámenes rápidos, que se realizan periódicamente y que tratan de comprobar si el aprendizaje está ocurriendo realmente. La evaluación formativa desempeña papeles importantes. Veamos:

a) Proporciona retroalimentación.

Si, mediante una simple prueba, el maestro comprueba que la mayoría de los alumnos no está aprendiendo, es el momento de detenerse y pensar en lo que está equivocado en su enseñanza, y reformular sus estrategias. Si la mayoría está aprendiendo, la evaluación formativa identificará a aquellos que no lo están, a fin de que se les pueda dar la debida atención.

b) Proporciona también retroalimentación al alumno.

La evaluación hecha durante la clase hace que el alumno perciba lo que está faltando, en lo que está fallando, permitiéndole la oportunidad de esforzarse a fin de alcanzar el dominio que de él se espera.

c) Es fuente de motivación para el alumno.

Los alumnos que hacen autoevaluación se sienten estimulados a continuar sus estudios.

3. Evaluación Resumen

Es la evaluación que ocurre al final de un trimestre, de un semestre o de un determinado espacio de tiempo. Ella trata de comprobar el producto del aprendizaje, es decir, lo que resultó del trabajo del maestro y del alumno. Por ejemplo, hay maestros de la Escuela Dominical que al final de cada trimestre preparan un cuestionario con preguntas de todas las lecciones. Estas preguntas procuran evaluar la capacidad de asimilación de los alumnos en todo el período de estudio.

III. Procedimientos de comprobación

Los procedimientos para la comprobación del aprendizaje del alumno pueden clasificarse en escritos u orales. Los procedimientos escritos son: pruebas, ejercicios, investigaciones, cuestionarios, pequeños exámenes, composiciones, trabajos prácticos, etc. Los orales son: entrevistas, razonamientos, análisis y descripciones. La mayoría de los maestros de la Escuela Dominical, en función del poco tiempo que tiene para desarrollar sus clases y comprobar el desempeño de la clase, utilizan exámenes objetivos, escritos u orales. Esto es porque hay muchas ventajas en la aplicación de esas pruebas. Entre ellas podemos destacar: facilidad de corrección, objetividad, sencillez, precisión, además de que a los alumnos se les examina en igualdad de condiciones. Por último, ¿qué es una prueba? ¿Cuál es el significado de este término? Etimológicamente, viene del latín *testis*, que quiere decir testimonio o testigo. Pero... ¿cómo deben organizarse esas pruebas? ¿Cómo deben formularse las preguntas de prueba?

Las cuestiones a examinar se clasifican en dos categorías fundamentales:

1) Las que requieren que el alumno seleccione su respuesta entre dos o más alternativas;
2) Las que requieren que él mismo redacte sus respuestas.

Veamos:

1. Preguntas que implican selección de respuesta

Se trata de las preguntas objetivas. Hay varias preguntas de este tipo. Destacaremos solamente las más empleadas:

a) Verdadero-falso.
Consiste en presentar afirmaciones para que se indiquen las ciertas y las erradas. Ejemplo:

Escriba en los paréntesis la letra "C" delante de las afirmaciones correctas, y la letra "E" delante de las afirmaciones equivocadas:

( ) Proverbios 15:17 dice que el amor es secundario para la armonía de la familia.
( ) Abraham y Lot se separaron porque se volvieron enemigos y no podían vivir juntos.
( ) Moisés renunció a toda la comodidad que tenía en el palacio para poner en práctica lo que aprendiera de sus padres, en la infancia.
( ) Según Romanos 12:18, debemos convivir pacíficamente con todas las personas, a menos que ellas no quieran.

Sugerencias para la formulación de preguntas del tipo verdadero-falso:
- Hacer una lista de afirmaciones verdaderas.
- Volver a escribir casi la mitad de ellas para convertirlas en falsas.
- Hacer las afirmaciones muy claras y definidas.

- Incluir sólo una idea en cada afirmación.
- Evitar el empleo de oraciones negativas.

b) Selección múltiple.

Consiste en presentar una afirmación incompleta seguida de varios conceptos. De los conceptos presentados, el alumno debe escoger uno que complete la afirmación, formando una sentencia de sentido verdadero.

Ejemplo: El nombre del profeta Isaías tiene mucho que ver con su ministerio. Marque la alternativa correcta. Isaías significa:

a) Jehová-jireh
b) Dios es amor
c) La salvación de Jehová
d) El Señor que provee

Sugerencias de formulación de preguntas de selección múltiple.

- Las alternativas no deben ser claramente erradas. Todas deben ser objeto de análisis por parte del alumno.
- Las alternativas deben tener ideas relacionadas con la pregunta, evitándose las absurdas.
- No debe utilizarse la alternativa "ninguna de las respuestas"
- En el grupo de las alternativas debe haber una sola respuesta correcta.
- Las alternativas deben ser sencillas, pequeñas y de lectura fácil.
- El número ideal de alternativas es cuatro.

- La posición de la respuesta correcta debe modificarse sistemáticamente. Así se evita la tendencia natural del alumno de quedarse en determinada "posición".

c) Asociación.
Consiste en presentar dos relaciones de palabras, frases o símbolos, para que los alumnos asocien los conceptos correlacionados.

Ejemplo: Enumere la segunda columna de acuerdo con la primera.

(1) Elohim   ( ) El Señor que provee
(2) Jehová-salom   ( ) El Señor es nuestro estandarte
(3) Jehová-jireh   ( ) Dios Creador
(4) Jehová-nisi   ( ) El Señor es nuestra paz
(5) El-Shadai   ( ) Dios Todopoderoso

Para formular preguntas de asociación, presentamos las sugerencias siguientes:
  Emplear conceptos estrechamente relacionados.
  Disponer las respuestas en columna, en una secuencia diferente de la adoptada para las preguntas.
  No incluir palabras equivocadas en la columna de las respuestas.

d) Ordenación.
Consiste en presentar una serie de conceptos que deben numerarse en un orden determinado (cronológico, de importancia, de complejidad, etc.). Ejemplo:

A continuación se relacionan algunos hechos escatológicos. Coloque, en los paréntesis, el número de orden de esos hechos (del 1 al 8).

( ) La gran tribulación
( ) El gran trono blanco
( ) El tribunal de Cristo
( ) Nuevos cielos y nueva tierra
( ) El milenio
( ) El arrebatamiento de la Iglesia
( ) El juicio de las naciones
( ) La revelación de Cristo

Algunas indicaciones para formular preguntas del tipo ordenación:

- Seleccionar sólo conceptos de la misma naturaleza.
- Presentar siempre el conjunto completo de conocimientos que se quiere evaluar.
- Proponer, como máximo, diez conceptos o hechos para ordenar.

2. Preguntas que implican la redacción de respuestas

a) Completar espacios en blanco.

Consiste en presentar frases en las que faltan palabras importantes, que deben descubrir los alumnos.

Ejemplo:
Complete las frases siguientes:

1. El Espíritu Santo es una _____. Él posee _____, y propia _____.
2. El papel del Espíritu Santo en la creación fue conceder _____ y _____ a las cosas.
3. El Espíritu Santo ungió a Jesús para _____, y anunciar la _____.

Sugerencias para formular preguntas del tipo completar espacios en blanco:

- Omita solamente las palabras clave para que no haya más de una interpretación.
- Sólo omita verbos cuando no se perjudique la comprensión.
- No deben ponerse más de cuatro espacios en blanco en una frase; los espacios deben tener el mismo tamaño y deben ponerse en el medio y en el final de las oraciones.

b) Recordar.
Consiste en hacer una pregunta que admita respuesta sencilla, inmediata, definida, específica y probablemente indiscutible.

Ejemplo:
1. ¿Cuántos libros tiene la Biblia?
2. ¿Quién fue el primer rey de Israel?
3. ¿Quién negó a Cristo tres veces?
4. ¿Cuál es el significado del nombre Jesús?

Sugerencias para la elaboración:
- Asegurarse de que la pregunta admite sólo una respuesta.

- Hacer por lo menos diez preguntas en cada examen.

c) *Disertación.*

Consiste en el tipo de evaluación tradicional, en que el maestro presenta algunas preguntas para que se respondan por escrito por los alumnos. Tanto la formulación como las respuestas son relativamente libres. Generalmente incluyen instrucciones, tales como: comente, explique, resuma, evalúe, defina, compare, relacione, analice, justifique, describa, sugiera, ¿Cómo? ¿Por qué? ¿Para qué?, etc.

Ejemplo:

1. ¿Cuáles son los argumentos fundamentales para considerar el bautismo en el Espíritu Santo una experiencia separada de la conversión? Explique.
2. ¿Con qué fundamentos bíblicos podemos probar que el hablar en otras lenguas es la evidencia física inicial del bautismo en el Espíritu Santo? Justifique.
3. ¿Qué son "dones espirituales"? Relacione.
4. Clasifique y distinga los dones espirituales.
5. Defina el término "dispensación".

En la evaluación de disertación el maestro debe:

- Pensar por anticipado en su preparación.
- Dar instrucciones claras.
- Comunicar a los alumnos que se tomará en consideración la corrección: caligrafía, ortografía, gramática, etc.

- Limitar la extensión de la respuesta a número determinado de líneas.

Conclusión

Creo que a partir de ahora, mis lectores, maestros de la Escuela Dominical, no tendrán dudas en cuanto a la importancia de la evaluación del desempeño de sus alumnos. Pero alguien pudiera preguntar: ¿Basándome en qué debo preparar mis instrumentos de evaluación? ¿Cómo podré seguir y analizar la conducta de mis alumnos? En este caso, es muy importante subrayar que para una buena evaluación es necesario que el maestro establezca sus objetivos. No debemos esperar resultados si no determinamos previa y claramente lo que debemos esperar. Objetivos imprecisos conducen a la evaluación confusa, sin propósito e innecesaria.

Preguntas para reflexión

1. ¿Con qué motivación evalúa su clase?

2. ¿Cómo selecciona sus instrumentos de evaluación?

3. ¿En qué etapas de la clase acostumbra evaluar a sus alumnos?

4. ¿Con qué frecuencia son evaluados sus alumnos mediante pruebas orales?

5. ¿Qué piensa usted de la evaluación previa? ¿La ha empleado alguna vez? ¿Cuáles fueron los resultados?

11 Capítulo
Cómo mejorar la comunicación entre maestros y alumnos

Resumen

Introducción

I. El proceso de la comunicación humana
II. Cómo hacer la comunicación eficiente en el ámbito de la clase

Conclusión
Preguntas para reflexión

Objetivos del Capítulo

✓ *Identificar los principales problemas que perturban la comunicación maestro-alumno.*

✓ *Sugerir medios que faciliten la comunicación en la clase.*

Capítulo 11

Cómo mejorar la comunicación entre maestros y alumnos

> "No hay una sola actividad humana que no sea afectada o que no pueda fomentarse mediante la comunicación."
>
> *Gilbert Highet*

Introducción

¿Qué hace un maestro cuando enseña? Es lógico que él se comunique con la clase. Su intención primordial es hacer que sus alumnos entiendan perfectamente su mensaje, es decir, el contenido de la enseñanza. En resumen, la enseñanza es un proceso de comunicación en el que el maestro, mediante varios procedimientos e informaciones orienta y dinamiza el aprendizaje.

La mayoría de las funciones de la enseñanza se cumple exactamente por el comportamiento verbal del maestro. Son las normas o formas de comunicación empleadas por él que van en gran parte a determinar los niveles de realización y el resultado final del proceso de enseñanza-aprendizaje. En este proceso, ¿qué hace el maestro? ¿Qué responsabilidad asume? Entre tantas operaciones educativas, el maestro presenta los estímulos, dirige las actividades, sugiere, orienta el pensamiento del alumno, proporciona condiciones para que el educando aplique lo que aprendió y, al final, valiéndose permanentemente de los recursos de la comunicación, fomenta más aprendizajes.

De la buena comunicación en la clase dependen no sólo la retención de los contenidos, sino, de forma más amplia, todos los procesos de formación del alumno, sobre todo el respeto mutuo, la cooperación y la creatividad.

I. El proceso de la comunicación humana

1. ¿Qué significa comunicar?

La palabra comunicar viene del latín *comunicare* y significa "poner en común", hacer común. En sentido práctico, comunicar es transmitir ideas e informaciones con el principal objetivo de fomentar el entendimiento entre las personas. Para que se realice, es necesaria la utilización de un código común previamente establecido.

2. El proceso de la comunicación

¿Qué es comunicación? La comunicación puede definirse como un proceso de interrelación entre los hombres, caracterizado por el empleo de signos y símbolos organizados en mensajes. Este proceso exige tres elementos: emisor, receptor y mensaje. Faltando cualquiera de esos elementos, la comunicación no ocurre.

El proceso puede esquematizarse de la manera siguiente:

- El emisor codifica y envía el mensaje.
- El receptor lo decodifica, es decir, lo interpreta.
- Si no hay interferencia (ruido), se establece la comunicación.

3. El mensaje y su interpretación

El mensaje es el objeto y el propósito de la comunicación humana. Todo mensaje tiene un significado y tiene propiedades de percepción comunes al emisor y al receptor.

Otro elemento importante es la interpretación. En realidad, ella es la clave de toda comunicación. De ella va a depender la deducción y la comprensión del mensaje.

El buen mensaje es el que facilita la interpretación. Como explica Abraham Moles en *L'Affiche dans la Société Urbaine*, "la eficacia máxima de la comunicación no se alcanza sino cuando el mensaje es comprendido por el receptor". Si no se interpreta, comprende y asimila, no hay comunicación.

4. El medio o canal

El medio puede facilitar o dificultar la interpretación. Sin embargo, es el contenido del mensaje el que va a indicarle al transmisor el medio que ha de escogerse. El mensaje, para que se comprenda, debe siempre armonizarse con los requisitos de claridad, rapidez y disponibilidad de los medios.

5. El repertorio de signos y su percepción

Cada persona tiene su propio repertorio de signos o símbolos. Por lo regular, los signos los establece el propio hombre. Entre ellos tenemos las señales, como por ejemplo los códigos de tránsito, los signos verbales incluidos en el habla, y los no verbales como los gestos, la manera de mirar, etc.

"La comunicación será eficaz si el comunicador tiene siempre en cuenta los repertorios correspondientes del receptor. Si emplea una idea o una experiencia en el repertorio respectivo del receptor, éste entenderá claramente el mensaje. Si el comunicador escoge signos que no figuran en el repertorio del receptor, sin duda no habrá comunicación".

(*Estratégias de Ensino-Aprendizagem* [*Estrategias de enseñanza-aprendizaje*], Ed. Vozes)

6. El proceso de recepción

Después de la percepción de los signos que componen el mensaje, la segunda parte del proceso es la:

a) Decodificación.

De modo subconsciente el receptor compara los signos percibidos con su repertorio y descifra su equivalencia. Si los signos percibidos no están en su repertorio, el receptor podrá recurrir al contexto general del mensaje. La tercera parte se denomina...

b) Interpretación.

El mensaje en su totalidad es evaluado por los interlocutores, que comprobarán si está de acuerdo con el tema que se está transmitiendo. También se comprueba con los demás repertorios del receptor: intenciones, ideas, experiencias, etc. En la interpretación, el receptor se pregunta: ¿Cuál es el significado que debo atribuir a este mensaje que fulano me transmite respecto a ese tema?

La cuarta parte del proceso se conoce como:

c) Retroalimentación.

Se trata del retorno del mensaje, que sustenta la comunicación. El maestro que presta atención a las reacciones o respuestas del alumno, encuentra en ellas la forma de reajustar sus mensajes.

7. ¿Cómo ocurre la comunicación?

Conociendo ahora los elementos esenciales de la comunicación, podemos tratar de reconstituir en detalle todo el proceso. Observe el esquema sugerido por el profesor Whitaker Penteado.

- Un estímulo interno o externo provoca una reacción: la de comunicarme.
- Traduzco en palabras la idea y por asociación la interpreto, organizando las palabras en una frase-mensaje.
- Selecciono el medio más apropiado al movimiento de mi mensaje hacia el receptor.
- Emito el mensaje a través del medio seleccionado.
- El mensaje camina y llega al receptor.
- El receptor recibe el mensaje procurando interpretar su significado.
- El receptor comprende el mensaje descifrando los símbolos en términos de su propia interpretación.
- La reacción del receptor, después de su interpretación, vuelve como nuevo mensaje a mi persona.

- Interpreto la reacción del receptor y evalúo si el significado que recibí es el mismo que le envié.
- La coincidencia de los significados — el mío y el del receptor — se completa mediante la comprensión mutua o circuito de la comunicación.

8. Barreras para la comunicación

Hay algunos obstáculos (ruidos) que estorban la buena comunicación.

Veamos:

a) Barreras físicas: Distancia espacial; oscuridad (comunicación visual).
b) Barreras fisiológicas: ceguera, sordera.
c) Barreras culturales: normas culturales.
d) Barreras sociales: tradición, normas institucionales, condiciones diferentes. Relación entre jefes y subalternos, entre un alumno y un director.
e) Barreras psicológicas: actitudes negativas o de oposición pueden bloquear la recepción.

II. Cómo hacer la comunicación eficiente en el ámbito de la clase

1. Diagnostique el problema

Hay maestros que, por falta de conocimiento o sensibilidad docente, no perciben que son malos comunicadores. La impresión que tenemos es que se ocupan de la mediocre exposición de su materia en detrimento de la educación propiamente dicha. El maestro considera que su función consiste en transmitir conocimientos y que es obligación del alumno oír y comprender. Algunos tienen sus ideas tan mal, o tan perfectamente organizadas, que no hay en ellos lugar para la imaginación creadora de los alumnos. Cuando las ideas del maestro están desorganizadas, su mensaje es confuso e inseguro. Los tales prefieren el monólogo. Otros acostumbran enseñar partiendo de la siguiente premisa: "Si los alumnos más inteligentes de los primeros asientos entienden lo que hablo, todos los demás también entenderán." ¡Eso es sencillamente un absurdo!

Con relación al lenguaje, muchos son los que acostumbran emplear conceptos o términos que aun no existen en la experiencia de los alumnos. Al contrario de estos, hay quienes asumen una actitud mucho más nociva: no se preocupan en enriquecer el vocabulario de los alumnos.

La manera de exponer la materia es otro problema que dificulta la buena comunicación entre educadores y educandos. Muchos maestros ponen tantas ideas en cada exposición que los alumnos sólo comprenden y retienen en su mente algunas. Hablar demasiado rápido, articular mal las palabras, emplear voz baja y en tono monótono son comportamientos igualmente perniciosos.

Si hay maestros que no emplean medios visuales para comunicar conceptos, o relaciones que exigen presentación gráfica, hay también quienes emplean recursos visuales de forma inapropiada: por ejemplo, emplean la pizarra sin planeamiento alguno, escribiendo y dibujando aquí y allá, con gran confusión y desorden. Aquí está un resumen de los principales problemas que dificultan la comunicación entre docentes y alumnos en cualquier nivel del proceso enseñanza-aprendizaje.

La eficiencia de la comunicación resulta fundamentalmente de lo siguiente: claridad, precisión, sencillez, creatividad y objetividad del mensaje.

2. Identifique el foco de interés de la clase

Los objetivos y los contenidos merecen atención especial. ¿Reflejan ellos la necesidad y el interés del alumno? Es a partir de ese foco que se realizará el contexto, o situación estímulo, para que se procese el aprendizaje. Muchas veces, la comunicación no se efectúa debido a la ausencia de un foco de interés. El maestro habla y los alumnos hacen o piensan otra cosa.

3. Adapte el mensaje a las condiciones de los alumnos

Tareas muy difíciles, confusas, o muy fáciles, no despiertan al alumno para la acción. El alumno tiene posibilidades de vocabulario que el maestro debe considerar. Sólo hay aprendizaje si el alumno modifica su conducta. Sin embargo, no modificará su conducta si no tiene el fundamento necesario para eso. ¿Las experiencias de los alumnos permiten o facilitan el nuevo aprendizaje? ¿Tienen la capacidad de entender lo que el maestro está informando o trata de informar?

4. Organice el mensaje equilibrando conocimientos nuevos con antiguos

Si todo lo que se trata de transmitir ya lo conoce el alumno, no hay razón para la comunicación. De la misma forma, si el mensaje está totalmente estructurado con elementos nuevos, el alumno no tendrá capacidad de captarlo.

5. Establezca una secuencia permitiendo que el alumno avance progresivamente hacia la asimilación de la información

Para llegar al dominio de conceptos complejos, es necesario partir del examen de conceptos comunes, sean estos dominados o no por los alumnos.

6. Sea conciso en su exposición

Exponer las ideas en pocas palabras es una virtud muy necesaria a la práctica docente. Nos desconectamos fácilmente cuando oímos a personas prolijas, las que dicen mucho, pero inútil e irrelevante.

7. Cultive una manera natural de hablar

Es decir, que su manera de hablar sea clara, consistente y coherente, expresando ideas bien relacionadas.

8. Domine el arte de oír

El maestro debe oír con interés y atención. Escuchar con inteligencia se facilita también cuando consideramos la fisonomía y los gestos de quien habla. Con relación a este asunto importante, quisiera contar un episodio que me ocurrió cuando enseñaba en determinado seminario de Río de Janeiro:

Cierta noche, entusiasmado con mis observaciones acerca de "saber oír", decidí hacer una experiencia con mis alumnos del curso teológico. En el transcurso de una clase interesante, interrumpí abruptamente mi exposición y dije: "¡Por hoy es suficiente!" Inmediatamente después hice dos preguntas: ¿En qué estaban pensando cuando interrumpí la clase? ¿Qué estaba yo diciendo? No siendo posible detallar el resultado de mi decepcionante investigación, me contento con sólo informar de mi desafortunada sorpresa: sólo el 28% de mis alumnos me oían en realidad. Los otros, como dirían mis hijos, estaban "desconectados", completamente aislados.

Uno de los mayores problemas de comunicación, tanto la de masa como la interpersonal, es cómo el receptor capta un mensaje. Rarísimas son las personas que tratan de oír exactamente lo que la otra está diciendo.

Oír depende de concentración. Oír es percibir mediante el sentido del oído. Escuchar significa dirigir la atención para oír.

Mientras una persona normal habla un promedio de 120 a 150 palabras por minuto, nuestro pensamiento funciona tres o cuatro veces más rápido. Por consiguiente, surge un mal hábito en el escuchar. Muchas personas están tan ansiosas por probar su rapidez de comprensión, que anticipan los pensamientos antes de oírlos de los labios del interlocutor. Eso ocurre cuando oímos la renombrada exclamación: "¡Ya sé lo que me va a decir!"

Por lo tanto, oír es muy raro. Es necesario limpiar la mente de todos los ruidos e interferencias del propio pensamiento cuando otra persona habla. Oír implica una atención absoluta al otro. De ahí la dificultad de las personas con raciocinio rápido de oír debidamente. Su inteligencia en funcionamiento, su hábito de pensar, evaluar, juzgar y analizarlo todo, interfieren como un ruido en la plena recepción de lo que se les está diciendo.

A veces creemos tener tanto "interesante" que decir, nuestras ideas son tan originales y atractivas, que es un castigo oír. Queremos hablar. Hablando aparecemos. Oyendo nos omitimos. Creemos que oír solamente da a los demás una impresión desfavorable de nuestra inteligencia. Por eso hablamos aunque no tengamos nada que decir. Pero no es ese el consejo bíblico. Es mejor oír que hablar. "...todo hombre sea pronto para oír, tardo para hablar..." (Santiago 1:19).

Es mediante los sentidos que el alma humana se comunica con el mundo. En el acto de oír, percibimos e identificamos los sonidos por el sentido del oír. Oyendo atentamente interpretamos y asimilamos el sentido de lo que percibimos.

No es de ahora la dificultad que las personas tienen de oír atentamente lo que dicen los demás. El propio Señor Jesús habló sobre el tema cuando explicaba a sus discípulos la razón de hablarles por parábolas. En aquella ocasión, el Maestro empleó la expresión siguiente: "El que tiene oídos para oír, oiga..." (Mateo 13:9). Según Champlim, esa expresión, incluso empleada por Jesús otras veces, en diferentes circunstancias (Mateo 11:15; Marcos 4:9,23; Apocalipsis 2:7,11,17,29; y 3:6,13,22), era un refrán común entre los judíos, empleado especialmente por los rabinos.

"Se empleaba el adagio para llamar la atención sobre la importancia de la enseñanza presentada, el sentido oculto de la enseñanza y la total comprensión de lo que queda sobrentendido en la enseñanza. Jesús quería decir que debían escucharse sus enseñanzas con atención y cuidado, y que por ausencia de eso, muchos no podrían comprenderlo."

Claro que los oídos fueron hechos para oír. Jesús empleó el pleonasmo para destacar sus verdaderos propósitos. No era suficiente sólo oír en el sentido de identificar los sonidos de las palabras, era necesario interpretar el sentido de ellas para practicarlas. Significa: debe haber oídos con capacidad para oír y entender los misterios de Dios. Jesús estaba diciendo que, hablando por parábolas, no todos tendrían capacidad de oír y comprender el pleno sentido de sus palabras. "Oyendo, no oyen, ni entienden" (Mateo 13:13). Oirán con sus oídos sus enseñanzas, pero seguirán sordos a sus implicaciones. Esto se debe a que la eficacia del aprendizaje, mediante el oído, depende de la predisposición de la persona. O sea, la actitud mental de quien oye es imprescindible.

Dios otorgó al hombre medios para conocer la personalidad divina, pero el empleo de esos medios no es obligatorio. Las personas, por su propia voluntad, pueden "cerrar" los oídos.

Lamentablemente, en nuestras iglesias, muchos oyen la predicación de la Palabra de Dios sólo para cumplir un protocolo eclesiástico. Según el dicho popular, las palabras "entran por un oído y salen por el otro" sin siquiera ser comprendidas racionalmente, sin que siquiera se reflexione en ellas ni que las interiorice el alma y el espíritu.

Conclusión

La emisión, transmisión y recepción del contenido didáctico son componentes de la red de comunicación entre maestros y alumnos. Es necesario subrayar que de la excelente comunicación dependen no sólo el aprendizaje, sino también la admiración mutua, la cooperación y la creatividad en la clase. El maestro, que también trata de ser buen comunicador, debe cultivar el arte de ponerse en el lugar del alumno y, con él, procurar las mejores respuestas para que, al mismo tiempo que aprende nuevos contenidos, desarrolle su capacidad de pensar.

Preguntas para reflexión

1. ¿Cómo se procesa la comunicación humana?

2. ¿Cuál es la importancia de la comunicación en el proceso enseñanza-aprendizaje?

3. ¿Acostumbra usted dar oportunidad a sus alumnos para que expresen sus ideas y opiniones?

4. ¿Cultiva usted el hábito de oír lo que los otros tienen que decir?

5. ¿Qué estrategia emplea usted para estrechar sus relaciones con los alumnos en la clase?

6. ¿Conoce usted los principales focos de interés de su clase? ¿Ha experimentado el desarrollar sus clases a partir de los elementos de interés de sus alumnos?

12 Capítulo

Cómo trabajar con recursos didácticos

Resumen

Introducción

I. ¿Qué son recursos didácticos y cuál es su importancia en el proceso enseñanza-aprendizaje?
II. Normas para la utilización de los recursos
III. Cómo utilizar la pizarra
IV. Cómo utilizar el franelógrafo
V. Cómo utilizar el álbum seriado
VI. Cómo preparar ilustraciones mediante carteles, grabados, dibujos...

Conclusión
Preguntas para reflexión

Objetivos del Capítulo

✓ *Relacionar y describir los principales recursos didácticos aplicables a la enseñanza cristiana.*

✓ *Sugerir al maestro principios orientadores de la utilización eficiente de los recursos.*

Capítulo 12

Cómo trabajar con recursos didácticos

> "La regla de oro de la enseñanza es que todo lo que deba aprenderse se presente en cuantos sentidos sea posible (...) Si lo que se quiere es llevar al discípulo al dominio del conocimiento verdadero y exacto, lo que se debe hacer es realizar la enseñanza mediante la intuición y la demostración sensorial..."
>
> *Johann Amos Comenius*

Introducción

¿Qué importancia tienen las ilustraciones en la realización del aprendizaje? Dónde y cómo encontrarlas? ¿En qué sentido hacen más expresiva la comunicación en la clase?

La ilustración es importante incluso en una conversación informal, en la que narramos un hecho, describimos a una persona o explicamos una idea. Si tuviéramos a mano dibujos, grabados, fotografías, esquemas gráficos o sencillamente una hoja de papel en que pudiéramos bosquejar algo relativo al asunto, o escribir palabras referentes al tema, por cierto transmitiríamos mejor nuestro mensaje, y nuestro interlocutor comprendería mejor lo que decimos. De ahí la importancia de los recursos didácticos.

I. ¿Qué son recursos didácticos y cuál es su importancia en el proceso de enseñanza-aprendizaje?

Los recursos didácticos son medios indispensables para que el aprendizaje se realice. Todo educador sabe que los objetivos no se realizan sin los medios, pero son los objetivos que determinan los medios. Ningún maestro conseguirá emplear debidamente cualquier recurso didáctico si sus objetivos con relación a la determinada actividad educativa no estuvieran claramente delineados en su planeamiento. Esto quiere decir que nuestras metas, en la calidad de maestros comprometidos con la enseñanza, deben revisarse en cada etapa del trabajo docente.

1. Clasificación de los recursos

Se clasifican los recursos didácticos en humanos y materiales. Los seres humanos se refieren a todas las personas que participan en la enseñanza. Y los materiales, categorizados en visuales, auditivos y audiovisuales, son los medios que facilitan que se asimile el mensaje que se pretende comunicar. Es muy difícil distinguir nítidamente los recursos materiales de los seres humanos, ya que los materiales también exigen la presencia constante del maestro para darles realidad y animación. Por lo tanto, dependiendo de la creatividad del maestro, los recursos didácticos pueden considerarse ilimitados.

Este capítulo no pretende agotar un tema tan amplio. Para tratar exclusivamente de los recursos didácticos, tendríamos que escribir una obra especializada. Por ahora, teniendo en cuenta lo corto del espacio, sólo mencionaremos los recursos más conocidos y, más adelante, comentaremos los más empleados.

a) *Recursos humanos.*
- La propia voz del maestro.
- La participación del alumno.
- Cualquier persona que tenga la función de ayudar en la enseñanza.

b) *Recursos materiales.*
- Pizarra.
- Ilustraciones en forma de diseños, grabados, pinturas, fotografías.
- Proyecciones fijas (retroproyector, transparencias).
- Proyecciones móviles (películas).
- Objetos (un reloj de arena, un candelabro, un documento antiguo).
- Plantas (una planta característica de las tierras bíblicas).
- Modelos (copia ampliada o reducida).
- Simulacro (modelo simulado funcional).
- Maqueta (modelo en escala reducida, de construcciones humanas: edificios, templos).
- Atlas geográficos, globos, mapas bíblicos.
- Carteles, murales.
- Álbumes seriados.
- Franelógrafos.
- TV educativa.
- Grabadoras.
- Microcomputadoras.
- Textos de instrucción programada.

- Excursiones, visitas, entrevistas, museos.
- Dramatizaciones, títeres y marionetas.
- Libros, periódicos, revistas.
- Grupos de debates, paneles, simposios.

2. Propósito de los recursos

Los recursos didácticos, sobre todo los audiovisuales, estimulan el interés de los alumnos. El profesor Donald P. Regier, especialista en el tema, enseña que el ojo humano es atraído por el movimiento, brillo y color. Según él, aun el sencillo acto de accionar un retroproyector, despierta la atención involuntaria de los oyentes, ya que genera movimiento, color y brillo en el frente del aula. Regier subraya que el maestro de experiencia capitalizará este movimiento propicio a la enseñanza y convertirá la atención involuntaria en voluntaria. Los materiales visuales apropiados captan y mantienen la atención.

Otro propósito de los recursos es cultivar la actitud creadora del alumno. A medida que el maestro ofrece informaciones al alumno, comienza a desarrollar activamente su imaginación y capacidad de pensar, crear y establecer analogías. Cuando Jesús enseñaba a sus discípulos algún principio o verdad espiritual profunda, siempre lo hacía por medio de parábolas, historias, referencias a la naturaleza, a lugares y a situaciones de lo cotidiano. Él iba de lo conocido a lo desconocido, de lo concreto a lo abstracto; de aquello que para sus discípulos era realidad y tenía relación directa con sus experiencias en el mundo material. Los recursos didácticos sirven para despertar en el alumno la comprensión de su realidad. El maestro debe emplear los recursos como estímulos al pensamiento del alumno, estimulándolo a establecer las relaciones e implicaciones de lo que se le muestra, dice o demuestra.

II. Normas para la utilización de los recursos

1. Selección y análisis

Antes de comenzar la clase, seleccione y analice cuidadosamente todos los recursos que estuvieren a su disposición, siempre teniendo en cuenta los objetivos a alcanzar. También es necesario que el maestro sepa anticipadamente en qué momento de la clase quiere emplear los recursos escogidos.

2. Orden de prioridad

El empleo de los recursos no puede volverse para sus alumnos una simple exposición de materiales para sólo despertarles la curiosidad. Cada recurso debe tener un propósito definido, claro y significativo. Se debe disponer de ellos en orden de importancia y utilización, de acuerdo con su plan de clase.

3. Presentación clara, sencilla y accesible

Los recursos didácticos deben proporcionar a los alumnos condiciones para desarrollar su capacidad de comprensión, interpretación y aplicación. Jesús acostumbraba sacar sus ilustraciones de los elementos de la naturaleza, de lo cotidiano. Él empleaba materiales conocidos entre sus interlocutores. Este método hacía que el Maestro captara la atención de las multitudes. Sus lecciones jamás se olvidaban. Ellas influían poderosamente en el modo de pensar y actuar de todos los que a Él se acercaban con la intención de aprender.

III. Cómo utilizar la pizarra

La pizarra ha sido a través del tiempo un excelente recurso didáctico. Sin embargo, para que disfrutemos de todos sus diversos beneficios es necesario que sepamos utilizarla de modo eficiente. ¿Hay ciencia en su utilización? ¿Hay técnicas para hacerla aun más eficaz como medio expositor de los contenidos de enseñanza? ¿Cómo debemos utilizarla? He aquí algunas sugerencias:

1. Debe planearse su utilización

Para mayor efecto y variedad del recurso, puede combinarse la pizarra con otros medios, tales como el retroproyector u otros materiales ilustrativos, como carteles, figuras, álbumes seriados, etc. Al planear la utilización de ese recurso, algunas preguntas deben ser respondidas a fin de orientar al maestro en la dirección de una presentación organizada y agradable: ¿Qué trato de poner en la pizarra? ¿Figuras? ¿Resúmenes? ¿Gráficos? ¿Mapas? ¿Dibujos? ¿Qué tipo de dibujo? ¿Por cuánto tiempo el dibujo permanecerá expuesto? ¿Por qué voy a necesitar tiza de color? ¿Cuál es el estilo y el tamaño de las letras? ¿Debo unir la pizarra a otros recursos audiovisuales? ¿Va a participar la clase de la presentación?

2. ¿Cómo escribir en la pizarra?

Al escribir o dibujar en la pizarra, no debe el maestro hacerlo en silencio, sino hablar y escribir simultáneamente para fijar mejor los conceptos y facilitar el acompañamiento de la clase. El maestro jamás debe dar las espaldas totalmente a los alumnos; debe procurar escribir un poco de lado, hablando y mirando constantemente a los alumnos.

Hay maestros que acostumbran escribir en la pizarra todo el resumen de la materia. No recomendamos esta práctica. El resumen, a no ser en casos especiales, debe crecer en la pizarra a medida que se desarrolla la clase.

Borrar bien la pizarra antes de comenzar la exposición de la materia es otro detalle importante. A veces, mientras el maestro está explicando un punto determinado, los alumnos están completamente desvinculados, prestando atención a cualquier cosa que esté escrita en la pizarra.

El tamaño y el estilo de letra empleada en la pizarra es otro detalle por el que debe preocuparse el maestro. La letra debe ser suficientemente grande y legible para que todos puedan entender lo que está escrito. El estilo de las letras debe ser simple, evitando los adornos.

Saber usar la tiza de color es otra práctica que exige la comprensión de los educadores. No se utiliza la tiza de color sencillamente por aspectos estéticos. Su utilización debe tener en cuenta el aspecto funcional.

3. Ventajas en la utilización de la pizarra

a) Facilidad para encontrarla.
Es tan grande su divulgación que alguien ha afirmado que es imposible que haya escuelas sin alumnos, maestro ni pizarra.

b) Facilidad para utilizarla.
Para utilizarla no se exigen habilidades especiales ni equipos costosos.

c) Rapidez.
Tanto en la preparación de las ayudas que enriquecerán la presentación como en el propio planeamiento de su utilización.

d) Facilidad en la corrección y las alteraciones de los temas presentados, no perjudicando en nada el medio en sí.

e) Versatilidad.

Posibilita adaptar la presentación al nivel del público.

f) Posibilidad de participación eficiente de la clase.

Además de todas esas ventajas, la famosa pizarra es óptimo medio para la visualización de ideas.

IV. Cómo utilizar el franelógrafo

1. ¿Qué es el franelógrafo?

En su aspecto físico, el franelógrafo nada más es una superficie rígida, recubierta de franela o material semejante, donde se ponen piezas hechas con material adherente o con otro material ligero, teniendo en la parte posterior, lana, franela, fieltro, o lija de madera.

2. ¿Cuáles son las ventajas de su utilización?

a) Movimiento.

Al maestro le corresponde dar el ritmo necesario a las piezas del franelógrafo, poniendo, retirando, añadiendo, deslizando las figuras, dando un dinamismo a la presentación que, además de despertar la atención de los alumnos, mantiene su interés.

b) Organización de la materia.

El franelógrafo posibilita la presentación de un tema por etapas, según el planeamiento del maestro.

c) Rapidez en la presentación.

Permite la presentación de manera instantánea y dramática, favoreciendo los procesos de enseñanza dinámica.

d) Concretar.

Uno de los principales objetivos del franelógrafo es el de favorecer definiciones más cercanas a la realidad.

e) Flexibilidad.

Puede usarse el mismo material en diferentes niveles y disciplinas, variando solamente la explicación oral y el ritmo de la presentación. Sirve tanto para incentivar el aprendizaje como para la presentación de un nuevo tema: sistematizar, fijar o comprobar el aprendizaje.

V. Cómo utilizar el Álbum Seriado

1. ¿Qué es un álbum seriado?

El álbum seriado consiste de una colección de hojas organizadas en una encuadernación de madera o cartón. Puede contener fotografías, mapas, gráficos, organigramas, carteles, letreros o cualquier otra forma de representación simbólica, que pueda ser útil al maestro en la exposición de un tema. Sus dimensiones y proporciones deben tomarse de manera que se haga perfectamente visible a todo el público asistente.

2. ¿Cuáles son las ventajas de su utilización?

a) Orienta la exposición.

Es un material que da la sucesión progresiva de páginas cuya relación de interdependencia orienta y condiciona el rumbo que va a seguir el expositor en el desarrollo de la explicación.

b) Evita la dispersión.
Por lo tanto, ayuda a presentar la clase de manera más organizada, orientada y dirigida, sin propiciar dispersión o confusión.

c) Produce expectativa.
Da mayor expectativa a los alumnos y ofrece mayor "suspense", se debe permitir, siempre que sea posible, alguna información indirecta con relación a la hoja siguiente.

d) Cautiva la atención del alumno.
Mantiene la atención de los alumnos en el tema que se está desarrollando en el momento. Fija los puntos esenciales, ayudando al educando a seguir el raciocinio del expositor.

e) Ofrece el máximo de síntesis y concisión, unido a la claridad y a la sencillez.

f) Visualiza mejor las ideas aprovechándose de varios materiales: ilustración, fotografías, dibujos.

g) Da margen a diversas utilizaciones: es fuente de investigación, ayuda a la exposición de un tema, es excelente material de comprobación y puede servir de motivación para un nuevo tema.

VI. Cómo preparar ilustraciones mediante carteles, grabados, dibujos...

"Y Jehová me respondió, y dijo: Escribe la visión, y declárala en tablas, para que corra el que leyere en ella" (Habacuc 2:2).

Los carteles, fotografías y grabados son recursos de comunicación de masa, por lo regular empleados para transmitir mensajes de carácter comercial, político, religioso y de utilidad pública. En el ámbito educacional esos recursos también han sido utilizados con el objetivo de informar y motivar a los alumnos al aprendizaje. A fin de que esos recursos, que por lo regular preparan los propios maestros, sean eficaces, cumpliendo íntegramente su propósito, algunos detalles deben observarse. Por ejemplo: No basta con saber que el mensaje de un cartel se compone de elementos como texto e imagen. Es necesario saber cómo equilibrar y disponer esos elementos de modo que el mensaje se comunique plenamente. ¿Cómo lograr eso? Veamos:

1. Disposición de los elementos

Al confeccionar un cartel o preparar una presentación por medio de grabados, cuadros comparativos, diagramas, fotografías y otros recursos visuales escritos, el maestro debe observar si en la composición de los elementos de esos recursos se encuentran las siguientes características:

a) Armonía.
Los elementos como diseños, grabados, fotos... deben distribuirse de modo que tengan correspondencia, o sea, que tengan el mismo sentido. Imaginen el efecto de una presentación de camiones de carga pesada, descrita con un tipo de letra muy delicada, oscilante, en tonos de azul pastel y, por otra parte, el efecto de un cartel sobre el desarrollo de las mariposas con un tipo de letra gruesa y pesada y colores fríos.

b) Unidad.
Todos los elementos deben estar en concordancia entre sí, como si pertenecieran a la misma familia, y todos deben tener importancia en la transmisión del mensaje.

c) Ritmo.

Es el movimiento visual planeado. Un sentimiento de vida se logra mediante el ritmo. Es necesario captar la atención del público y mantenerla hasta que se lea todo el material presentado. Todos los elementos deben añadir algo o aclarar la idea principal. Por lo tanto, es necesario dirigir la mirada a través de la presentación gráfica, para que los elementos se vean en su secuencia lógica.

Artificios como saetas, una mano con un dedo apuntando, son muy populares y constituyen un rápido recurso para dirigir la mirada a los hechos importantes.

La posición de las figuras también es muy importante, ya que deben estar siempre dirigidas hacia el centro visual, dirigiendo la mirada del público al mensaje. Si las figuras estuvieran alrededor de los bordes o fuera del campo visual, nuestra tendencia es la de acompañar con la mirada el movimiento de las mismas.

d) Foco.

No espere que el público procure, mediante el dibujo, su mensaje. Debemos dirigir su mirada al punto principal. Por lo regular se indica la importancia de las informaciones por el tamaño, la posición, el color y la forma. La forma mayor llama más atención.

Entre muchas formas de peso y tamaño iguales, podemos destacar una de ellas si la ponemos en posición ligeramente diferente de las demás. Un color diferente resalta junto a colores iguales. Una forma diferente llama la atención junto a otras iguales.

e) Balance o equilibrio.

Una forma de mayor tamaño debe ponerse cerca del centro, y la menor, más apartada.

f) Sencillez.
Es eliminar todo lo que no es esencial. Cada elemento del layout debe ser realmente importante. Espacios libres son necesarios para el reposo de la vista y la valoración de los elementos. Demasiados elementos generalmente dispersan, en lugar de focalizar la atención.

Conclusión

Quiero terminar este capítulo citando lo que nos recomendó Comenius en su *Didáctica magna* al justificar la necesidad del empleo de recursos audiovisuales en la educación infantil: "Ejercítense primero los sentidos de los niños (lo que es muy fácil), después la memoria, a continuación la inteligencia, y por fin el juicio. Todos esos ejercicios deben hacerse uno después de otro, gradualmente, ya que el saber comienza a partir de los sentidos y, mediante la imaginación, pasa a la memoria, y después, por la inducción a partir de las cosas particulares, llega a la comprensión de las cosas universales, y por último acerca de las cosas bien entendidas, emite el juicio, lo que permite llegar a la certeza de la ciencia".

Preguntas para reflexión

1. ¿Cuáles son los recursos didácticos audiovisuales más utilizados en su clase? ¿Acostumbra usted organizarlos antes de comenzar la clase? ¿Sabe exactamente en qué momento irá utilizándolos?

2. ¿Está consciente del propósito de cada recurso que emplea?

3. ¿Cuál es la importancia de planear la utilización de la pizarra? ¿Había pensado en eso antes?

4. Cuando usted prepara un cartel con el propósito de ilustrar una clase, ¿acostumbra dar importancia a la disposición del mismo? ¿Comprueba si hay armonía y equilibrio en todos los elementos de la ilustración?

Capítulo 13

Cómo aprovechar los recursos de los estudios bíblicos del maestro

Resumen

Introducción

I. ¿Qué son los estudios bíblicos del maestro?
II. ¿Cuál es el propósito de cada sección?

Conclusión
Preguntas para reflexión

Objetivos del Capítulo

✓ *Lograr que el lector sea consciente de la importancia de los estudios bíblicos del maestro, como herramienta y recurso complementario de los estudios bíblicos.*

✓ *Sugerir medios de mejor aprovechamiento de las ayudas disponibles en los estudios bíblicos del maestro.*

Capítulo 13

Cómo aprovechar los recursos de los estudios bíblicos del maestro

> "Para lograr grandes conquistas, no sólo debemos actuar; tenemos también que soñar. No basta sólo planear; tenemos que creer."
>
> *Anatole France*

Introducción

A lo largo de los últimos cuatro años he conversado con maestros de Escuelas Dominicales de diversas ciudades brasileñas. Desde los más remotos rincones hasta los grandes centros urbanos, independiente de la clase en que enseñan, las preguntas y necesidades de esos abnegados maestros son siempre las mismas: "¿Qué hacer para que mis clases sean más interesantes y participativas?" "¿Dónde puedo conseguir más ayudas para enriquecer las lecciones?" "¿Cómo puedo producir mis propios recursos didácticos, ya que mi iglesia no reúne condiciones para adquirirlos?" En fin, todas esas interrogantes justifican la necesidad de que esos promotores de la enseñanza cristiana reciban orientaciones pedagógicas y didácticas para desempeñar mejor sus responsabilidades profesorales.

Por la gracia de Dios he asistido a diversos convites, sobre todo en Río de Janeiro, donde trabajo y resido, para hablar sobre educación cristiana y temas relacionados con el crecimiento, desarrollo y mejoramiento de la Escuela Dominical. En estas ocasiones, nunca pierdo la oportunidad de observar el desempeño, el funcionamiento, la creatividad y, lógicamente, las dificultades que afrontan esas escuelas. Por increíble que parezca, lo que realmente me llama la atención, teniendo en cuenta las condiciones precarias de ciertas regiones, no es la ausencia de las ayudas humanas y técnicas, sino la inadecuada utilización, e incluso la no utilización, de tales recursos. O sea, ciertas iglesias, a pesar de disponer de varios medios educacionales, no saben cómo utilizarlos a favor del magisterio cristiano o, lo que es peor, en algunos casos ni siquiera se percatan de la existencia de ellos.

I. ¿Qué son los estudios bíblicos del maestro?

Los estudios bíblicos del maestro se publican y distribuyen simultáneamente con los estudios bíblicos del alumno. Se trata de una edición trimestral que tiene por principal función ayudar al maestro en su práctica docente.

Además de contener el texto del cuaderno del alumno, los estudios bíblicos del maestro contienen diez secciones complementarias, que son: Himnos Sugeridos, Punto de contacto, Objetivos, Síntesis textual, Orientación didáctica, Ayudas suplementarias, Glosario, Bibliografía sugerida, Ayuda adicional y Compruebe lo que usted aprendió.

Lamentablemente, muchos maestros no aprovechan los recursos disponibles en los estudios bíblicos del maestro. Algunos sencillamente por ignorar tales recursos; otros, por simple rechazo a situaciones nuevas. Nuestro propósito en este capítulo es destacar la utilidad de cada sección, apuntando su propósito como importante suplemento didáctico.

En resumidas cuentas, ¿cuáles son los objetivos de esta indispensable herramienta? ¿Qué nos puede proporcionar? Veamos:

II. ¿Cuál es el propósito de cada sección?

Cada sección tiene un propósito específico, teniendo en cuenta el plan de estudios en su totalidad.

1. Himnos sugeridos

Esta sección tiene por objetivo ayudar al superintendente o dirigente de la Escuela Dominical en la elección de los himnos que se cantarán en el período que antecede a la lectura bíblica en clase. Para cada clase se sugieren dos o tres himnos relacionados directamente con el tema de los estudios bíblicos.

No es sólo el superintendente que debe beneficiarse de esta sección. Un maestro atento podrá valerse de las letras de los himnos para presentar, ilustrar o concluir sus clases.

Por ejemplo:

Si el comentario de la lección es acerca de la doctrina de Dios (Su nombre, su amor, su exaltación, sus atributos eternos, etc.), los "himnos sugeridos" podrán ser los que hablan específicamente sobre ese tema. A partir de las letras de esos himnos, el maestro podrá desarrollar alguna dinámica de grupo, o tal vez, por ejemplo, formular preguntas respecto a la persona, a las obras y a los atributos de Dios.

2. Punto de contacto

Esta sección, como sugiere el nombre mismo, tiene como uno de los principales objetivos orientar al maestro en cuanto a cómo establecer los primeros contactos con la clase. Hay maestros que ya entran en la clase "descargando" el contenido de sus materias sobre los alumnos sin mostrarles interés por lo que son, representan y son capaces de hacer. Lo ideal es que, antes del comienzo de la clase, el maestro dialogue con sus alumnos, abordando temas de su interés. Es obvio que el tiempo invertido en estas "conversaciones informales" no debe ser superior a un cinco por ciento del tiempo reservado a la lección propiamente dicha. Este procedimiento, denominado "romper el hielo", es sumamente importante para establecer una relación de confianza y reforzar los lazos de amistad y fraternidad entre maestros y alumnos. He aquí algunas preguntas que facilitan los primeros contactos:

- ¿Cómo fue su semana?
- ¿Oyeron aquel reportaje...? ¿Leyeron aquel libro...?
- ¿Qué piensan de la predicación del domingo pasado?
- ¿Alguien quisiera hablarnos de alguna bendición?

Entre otros objetivos de esta sección, podemos destacar los siguientes:

- Proporcionar al maestro una visión panorámica de la lección sin la preocupación de determinar los elementos esenciales del tema.

Ejemplo: "A partir de este domingo, comenzaremos a conocer mejor uno de los más enérgicos profetas del Antiguo Testamento.

Se trata de Malaquías. Él fue llamado a profetizar en un momento muy difícil de la historia del pueblo de Dios en el Antiguo Testamento. Sin embargo, su mensaje sigue tan actual como hace dos mil quinientos años. Oremos al Señor a fin de que nos ayude a dar esta serie de lecciones. Todos tenemos mucho que aprender con el profeta Malaquías".

- Incentivar al maestro a interactuar con sus alumnos.

Ejemplo: "Maestro, procure mantener un ambiente de oración, devoción y auténtica espiritualidad. Evite la dispersión provocada por temas fuera de lugar. Por último, avivamiento sugiere concentración, reflexión y búsqueda constante de los intereses y de la voluntad del Señor.

Comience la clase haciendo las reflexiones siguientes con sus alumnos: ¿En qué sentido tiene que renovarse la iglesia en la actualidad? ¿Qué semejanza hay entre ella y el pueblo de Israel en el pasado?"

- Incentivar al maestro a que evalúe su trabajo.

Ejemplo: "¿Sus objetivos se están alcanzando? ¿Están teniendo sus alumnos una comprensión clara de las enseñanzas de Malaquías? ¿Ha notado algún cambio substancial en la conducta y en las actitudes de ellos? Tal vez este sea el momento de evaluación. Haga un breve recuento de las lecciones anteriores."

- Orientar al maestro a fin de que conduzca a sus alumnos a la reflexión del tema propuesto.

Ejemplo: "En esta lección, usted tendrá la oportunidad de conducir a sus alumnos a reflexionar sobre el punto de vista de

Dios con relación a las injusticias sociales, en la relación entre ricos y pobres. Las riquezas conquistadas honestamente no son condenadas. Sin embargo, las acumuladas inicua e injustamente, con la explotación y opresión del pobre, son severamente repudiadas por Dios".

- Sugerir ideas en cuanto al inicio y desarrollo de la lección.

Ejemplo: "Haga la pregunta siguiente a sus alumnos: ¿Es el creyente justificado por la fe o por las obras? Espere las respuestas. No responda todavía. Fomente un intercambio de ideas. Después del intercambio de ideas, compare sus respuestas con las enseñanzas de Romanos y Santiago. Llévelos a una conclusión que disipe las aparentes controversias. Ahora muéstreles la importancia de las obras en la evidencia del proceso de justificación delante de los hombres. Incentívelos a practicar buenas acciones, ya que ellas representan el aspecto visible de la justificación que la fe obra en el creyente".

- Orientar y aconsejar a los maestros.

Ejemplo: "¿Asisten sus alumnos a clase con verdadero interés? ¿O simplemente frecuentan la Escuela Dominical? ¿Acaso están motivados? El maestro es un líder y como tal debe influir positivamente en sus alumnos. El éxito o el fracaso del maestro depende exclusivamente de que los alumnos estén o no motivados. Procure estar atento a las dificultades de ellos en comprender las lecciones. Respete las diferencias individuales, ya que su principal objetivo es que todos aprendan".

3. Objetivos

¿Ha observado cómo se redactan los objetivos de los estudios bíblicos del maestro? ¿Observó que se formulan operacionalmente? ¡Sí! Las metas de cada lección se formulan de modo que el maestro sepa exactamente qué esperar de sus alumnos en términos de acción y desempeño. Sin embargo, el maestro cuidadoso debe analizarlas a fin de comprobar si tales metas están de acuerdo con las necesidades de su clase y Escuela Dominical. En caso de que no estén, debe el maestro sustituirlas por otras más realistas.

¿Cómo hacer eso? Primero divida la lección en tres partes. Después observe lo que realmente es importante en cada parte, extrayendo de ellas sus respectivas metas.

Hágase la pregunta siguiente: ¿Qué deben hacer mis alumnos, o de qué manera deben actuar, después de asistir a mis clases? En fin, escriba en su plan de clase: Al terminar esta clase, mis alumnos podrán: Enumerar, identificar, clasificar, construir, contrastar, comparar, etc.

4. Síntesis textual

La principal función de la "Síntesis textual" es proporcionar al maestro un resumen de la lección. La finalidad es hacer que el maestro tenga condiciones de recordar la esencia de la materia mediante una rápida lectura. Como ejercicio, el maestro debe rehacer la síntesis cada vez que, mediante sus propias investigaciones, enriquezca la lección con nuevos contenidos. El trabajo de resumir, sin duda alguna, ayuda a la comprensión, el análisis, la relación, la fijación y la integración de lo que estamos estudiando.

La importancia de la síntesis también está en el hecho de que en ella el maestro encuentra la idea principal del texto, es decir, el sentido completo del pensamiento del autor. Cualquier unidad de lectura, ya sea un simple párrafo, un capítulo de un libro o el comentario de una lección, tiene siempre un concepto o incluso una palabra que es su idea principal. Captar la idea que ofrece la directriz al texto, no es tarea fácil; requiere práctica y ejercicio. La síntesis textual, presentada en los estudios bíblicos del maestro, coopera eficazmente con el maestro en ese sentido. Por lo regular se basa en tres fuentes: en la idea central del tema, en la estructura general del comentario o en el texto bíblico base.

Ejemplo 1:
Tema:
Cristo, el resplandor de la gloria de Dios.
Lectura bíblica:
Hebreos 1:1-6.
Texto Áureo:
"El cual, siendo el resplandor de su gloria, y la imagen misma de su sustancia, y quien sustenta todas las cosas con la palabra de su poder, habiendo efectuado la purificación de nuestros pecados por medio de sí mismo, se sentó a la diestra de la Majestad en las alturas" (Hebreos 1:3).
Fuente para la preparación de la síntesis:
Idea central del tema.
Síntesis textual:
"La Epístola a los Hebreos compara a Jesucristo con el Antiguo Pacto, y lo presenta como el cumplimiento de todas las promesas mesiánicas. Tal comparación trata de mostrar la superioridad de Cristo sobre todo lo que el Antiguo Testamento tiene que ofrecer. El

tema que hallamos en toda la carta es: "Jesucristo es superior a ..." Él es superior a los ángeles, a los profetas, al sacerdocio levítico, etc. Se describe como el Creador de todas las cosas, resplandor de la gloria e imagen de Dios; el que todo lo sostiene con su poder, que nos limpió de todo pecado y está sentado a la diestra de Dios".

Ejemplo 2:
Tema:
La norma de la dependencia divina.
Lectura bíblica:
Mateo 7:7-12.
Texto Áureo:
"Porque todo aquel que pide, recibe; y el que busca, halla; y al que llama, se le abrirá" (Mateo 7:8).
Fuente para la preparación de la síntesis:
Texto bíblico base.
Síntesis textual:
"Jesús les muestra a sus oyentes la estrategia de cómo depender de Dios: pedir, buscar y llamar. Estas tres formas muestran cómo el cristiano debe actuar con relación a sus necesidades. A diferencia de las normas de dependencia humanas (el hombre, al llegar a la madurez, va a buscar su dependencia lejos de los padres), el cristiano, cuanto más madura en su vida espiritual, tanto más dependiente se vuelve de Dios. El propósito de esa sumisión no es inhibir o anular al creyente, sino crear lazos más fuertes para acercarlo a su Creador; enseñarlo a ver de cerca la bondad del Altísimo y a reconocer la paternidad de Dios".

5. Orientación didáctica

La orientación didáctica tiene como objetivo el ayudar al maestro con "ideas" acerca de lo que se debe hacer a fin de dinamizar sus clases. Las orientaciones pueden ser generales con el propósito de informar o actualizar al maestro: "¿Qué es método?" "¿Qué es planeamiento?" "¿Cuándo y cómo evaluar?" "¿Cómo incentivar al alumno?" "¿Cómo utilizar mejor la pizarra?" "¿Cómo mantener atento al alumno?" o específicas, dirigidas, con el objetivo de aplicar el contenido de la lección: "Haga esto... haga aquello...", "Lleve al aula...", "Analice con sus alumnos...", "Divida la clase en grupos...", "Utilice la pizarra", "Según el texto, haga el ejercicio siguiente...", "Según el esquema que aparece a continuación, desarrolle las actividades siguientes...", y así sucesivamente.

6. Ayudas suplementarias

Las ayudas suplementarias, además de ofrecer informaciones adicionales acerca del tema de la lección, indican las fuentes, donde el maestro, si quiere profundizar sus investigaciones, encontrará más ayudas.

Se clasifican las ayudas en: Ayudas bibliográficas, doctrinales, teológicas, históricas, geográficas, biográficas, etc.

7. Glosario

¿Qué es? ¿Cuál es su función? Glosario es un término de origen griego *glossa*, que significa lengua, lenguaje. Se presenta en orden alfabético y tiene por objetivo elucidar el sentido de las palabras y frases confusas, difíciles o poco empleadas. En los estudios bíblicos del maestro se destacan los vocablos que no están al alcance de la mayoría de los alumnos.

Lógicamente, en función del poco espacio, no todas las palabras desconocidas se ponen en el glosario. Es necesario que el maestro localice en el texto del cuaderno del alumno otras expresiones y busque sus significados. No siempre los diccionarios seculares tienen definiciones satisfactorias. A veces, a fin de obtener una definición más exacta, hay que recurrir a un diccionario bíblico-teológico.

8. Bibliografía sugerida

Ciertos temas más complejos, en razón del poco espacio reservado al comentario, se desarrollan superficialmente o de modo introductorio. Teniendo en cuenta que los alumnos siempre reclaman algo, además del contenido propuesto por la lección, los maestros deben recurrir a otras fuentes a fin de profundizar sus conocimientos respecto al tema de estudio.

Esta sección tiene por objetivo incentivar al maestro a que amplíe sus investigaciones y ayudarlo con la indicación de obras que se relacionan. En cada lección se pone a disposición de los maestros una relación de libros que les ayudan a preparar las clases.

9. Ayuda adicional

Esta ayuda tiene como objetivo aclarar el sentido de alguna palabra o expresión de carácter teológico o doctrinal. Se trata de palabras que, aunque importantes en el contexto general de la lección, no se explicaron en el cuerpo del texto. Esta sección siempre viene destacada en forma de un recuadro, cerca de la palabra o frase que carece de definición pormenorizada.

10. Compruebe lo que usted aprendió

El cuestionario de los estudios bíblicos está compuesto de preguntas objetivas; por lo tanto, es muy fácil de responder. Sus respuestas están explícitas en el texto de la lección. El maestro no debe contentarse sólo con las cinco preguntas que se encuentran allí. Lo ideal es que se preparen otros tipos de ejercicios, como los sugeridos en el capítulo diez de este libro.

Conclusión

Los estudios bíblicos del maestro cumplirán íntegramente su papel a medida que logran despertar en los maestros el deseo de mejorar su desempeño en la clase. Las ayudas disponibles en este significativo instrumento pedagógico no sustituyen el esfuerzo de los maestros en la investigación y el desarrollo de sus propios planes de clase. Los estudios bíblicos del maestro no son un fin en sí mismos, sino un medio por el cual el maestro aplicado recibe incentivos a fin de enriquecer sus conocimientos y dinamizar su enseñanza para exaltación y gloria del reino de Dios.

Preguntas para reflexión

1. ¿Sabe usted de cuántos y de cuáles recursos didácticos dispone su iglesia?

2. ¿Sabe usted emplear los recursos educacionales disponibles en su iglesia de manera apropiada?

3. ¿Cuáles son los recursos presentados por los estudios bíblicos del maestro? ¿Cuáles emplea más usted?

4. ¿Cuál es el propósito de la formulación de objetivos operacionales en la enseñanza cristiana?

5. ¿Acostumbra usted rehacer la síntesis textual cuando amplía el contenido de la lección mediante sus investigaciones?

BIBLIOGRAFIA

AYRES, Antonio Tadeu, *Como Tornar o Ensino Eficaz*, CPAD, Rio de Janeiro, RJ, 1994

BORDENAVE, Juan Díaz & PEREIRA, Adair Martins, *Estratégias de Ensino-Aprendizagem*, 17ª ed., Vozes, Petrópolis, RJ, 1997

CARVALHO, Irene Mello, *O Processo Didático*, Fundação Getúlio Vargas, Rio de Janeiro, RJ, 1972

FORD, Leroy, *Ensino Dinâmico e Criativo*, 2ª ed., JUERP, Rio de Janeiro, 1978

GALIANO, A.G, *O Método Científico - Teoria e Prática*, Harbra, São Paulo, SP, 1979

GANGEL, Kenneth O., & HENDRICKS, Howard, G., *Manual de Ensino — para o educador cristão*, CPAD, Rio de Janeiro, RJ, 1999

GARCIA, Othon M., *Comunicação em Prosa Moderna*, 10ª ed., Fundação Getúlio Vargas, Rio de Janeiro, RJ, 1982

GILBERTO, Antonio, *Manual da Escola Dominical*, CPAD, Rio de Janeiro, RJ, 1999

GONÇALVES, Romanda, *Didática Geral*, 12ª ed., Livraria Freitas Bastos, Rio de Janeiro, RJ, 1982

GREGORY, John Milton, *As Sete Leis do Ensino*, 3ª ed., JUERP, Rio de Janeiro, RJ, 1977

GRISI, Rafael, *Didática Mínima*, 6ª ed., Companhia Editora Nacional, São Paulo, SP, 1967

LEMBO, John M., *Porque Falham os Professores*, Editora Pedagógica e Universitária, São Paulo, SP, 1975

MATTOS, Luiz Alves de, *Sumário de Didática Geral*, 16ª ed., Aurora, Rio de Janeiro, RJ, 1963

NÉRICE, Imídeo G., *Educação e Maturidade*, Atlas, São Paulo, RJ, 1973

PARRA, Nélio, *Metodologia dos Recursos Audiovisuais*, Saraiva, São Paulo, SP, 1973

PENTEADO, J.R. Whitaker, *A Técnica da Comunicação Humana*, 8ª ed., Pioneira, São Paulo, SP, 1982

PRICE, J.M, *A Pedagogia de Jesus*, 3ª ed., JUERP, Rio de Janeiro, RJ, 1980

SILVA, Hildo Barcelos, *Didática para a Escola Dominical*, Casa Editora Presbiteriana, São Paulo, SP, 1986

TURRA, Clódia Maria Godoy & Outros, *Planejamento de Ensino e Avaliação*, 9ª ed., PUC-EMMA, Porto Alegre, RS, 1975

WELCH, Norvel, *Melhor Ensino Bíblico para Adultos*, JUERP, Rio de Janeiro, RJ, 1982

ZÓBOLI, Graziella, *Práticas de Ensino — Subsídios para a atividade docente*, 3ª ed., Ática, São Paulo, SP, 1991